AF451793

MUSÉE PÉDAGOGIQUE

ET

BIBLIOTHÈQUE CENTRALE DE L'ENSEIGNEMENT PRIMAIRE.

MÉMOIRES

ET

DOCUMENTS SCOLAIRES

PUBLIÉS PAR LE MUSÉE PÉDAGOGIQUE.

Fascicule n° 23.

CATALOGUE DES LIVRES

DESTINÉS AUX LECTURES RÉCRÉATIVES

REÇUS AU MUSÉE PÉDAGOGIQUE

(Octobre 1885 à octobre 1888).

DONS DES ÉDITEURS.

PARIS.

IMPRIMERIE NATIONALE.

HACHETTE ET Cⁱᵉ, ÉDITEURS,
Boulevard Saint-Germain, n° 79.

CH. DELAGRAVE, ÉDITEUR,
Rue Soufflot, n° 15.

ALPHONSE PICARD, ÉDITEUR,
Rue Bonaparte, n° 82.

DELALAIN FRÈRES, ÉDITEURS,
Rue des Écoles, n° 56.

ARMAND COLIN ET Cⁱᵉ, ÉDITEURS, rue de Mézières, n° 5.

1888.

MÉMOIRES ET DOCUMENTS SCOLAIRES

PUBLIÉS PAR LE MUSÉE PÉDAGOGIQUE.

Sous le titre de **Mémoires et documents scolaires**, le Musée pédagogique publie, à intervalles irréguliers, des travaux ou documents intéressant l'instruction publique à ses divers degrés. Les fascicules suivants ont déjà paru et sont en vente, à Paris : aux bureaux de la *Revue pédagogique*, librairie Ch. Delagrave, rue Soufflot, n° 15; à la librairie Hachette, boulevard Saint-Germain, n° 79; chez Alphonse Picard, libraire, rue Bonaparte, n° 82, et à la librairie Delalain frères, rue des Écoles, n° 56.

Fasc. n° 1. — **Le projet de loi sur l'organisation de l'enseignement primaire (1882-1884).** Recueil de documents parlementaires relatifs à la discussion de cette loi à la Chambre des députés. Un fort volume in-8° de XII-832 pages. Prix.. 6 fr.

Fasc. n° 2. — **Une acquisition de la bibliothèque du Musée pédagogique :** *Dialogus Jacobi Fabri Stapulensis in phisicam introductionem. Introductio in phisicam Aristotelis;* in-4°, imprimé en 1510 par Jean Haller, à Cracovie. Étude bibliographique et pédagogique, par L. Massebieau. Une brochure in-8° de 19 pages. Prix.. 50 c.

Fasc. n° 3. — **Répertoire des ouvrages pédagogiques du XVI° siècle** (*Bibliothèques de Paris et des départements*). Un volume in-8° de 800 pages. Prix.. 6 fr.

Fasc. n° 4. — **L'enseignement expérimental des sciences à l'école normale et à l'école primaire,** par René Leblanc. Une brochure in-8°. Prix.. 80 c.

Fasc. n° 5. — **Compte rendu officiel du Congrès international d'instituteurs et d'institutrices, tenu au Havre du 6 au 10 septembre 1885.** Un volume in-8° de IV-211 pages. Prix.. 2 fr.

Fasc. n° 6. — **Règlements et programmes d'études des écoles normales d'instituteurs et des écoles normales d'institutrices.** Un volume in-8° de 125 pages. Prix.......................... 1f 25.

Fasc. n° 7. — **Schola aquitanica :** *Programme d'études du collège de Guyenne au XVI° siècle*, réimprimé avec une préface, une traduction française et des notes, par L. Massebieau. Un volume in-8° de 77 pages. Prix.. 1f 80.

Fasc. n° 8. — **Instruction spéciale sur l'enseignement du travail manuel dans les écoles normales d'instituteurs et les écoles primaires élémentaires et supérieures.** Un volume in-8° de 79 pages. Prix.   70 c.

Fasc. n° 9. — **Projet d'instruction pour l'installation d'écoles enfantines modèles.** Un volume in-8° de 24 pages. Prix.. 50 c.

Fasc. n° 10. — **Le projet de loi sur l'organisation de l'enseignement primaire (1886).** Recueil de documents parlementaires relatifs à la discussion de cette loi au Sénat (*1re délibération*). Un fort volume in-8° de 586 pages. Prix.. 3 fr.

Fasc. n° 11. — **Le projet de loi sur l'organisation de l'enseignement primaire (1886).** Recueil de documents parlementaires relatifs à la discussion de cette loi au Sénat (*2e délibération*). Un volume in-8° de 391 pages. Prix.. 2 fr.

Fasc. n° 12. — **La philosophie et l'éducation; Descartes et le XVIII° siècle,** par Georges Lyon. Une brochure in-8° de 62 pages. Prix.. 80 c.

Fasc. n° 13. — **Conférence sur l'histoire de l'art et de l'ornement,** par Edmond Guillaume. Une brochure de 135 pages. Prix.. 3 fr.

Fasc. n° 14. — **Les écoles industrielles à l'étranger,** d'après les rapports de MM. Salicis et Jost. Une brochure in-8° de 104 pages. Prix.. 1 fr.

Fasc. n° 15. — **Les boursiers de l'enseignement primaire à l'étranger.** Une brochure in-8° de 72 pages. Prix.. 50 c.

Fasc. n° 16. — **Écoles d'enseignement primaire supérieur. Historique et législation.** Une brochure in-8° de 79 pages. Prix.. 50 c.

Fasc. n° 17. — **L'instruction publique à l'exposition universelle de la Nouvelle-Orléans,** par B. Buisson. Un volume in-8° de 295 pages. Prix.. 3 fr.

Fasc. n° 18. — **Le projet de loi sur l'organisation de l'enseignement primaire (1886).** Recueil de documents parlementaires relatifs à la discussion de cette loi à la Chambre des députés. Un volume in-8° de 308 pages. Prix.. 1f 75.

CATALOGUE DES LIVRES

DESTINÉS AUX LECTURES RÉCRÉATIVES

REÇUS AU MUSÉE PÉDAGOGIQUE.

(OCTOBRE 1885 À OCTOBRE 1888.)

DONS DES ÉDITEURS.

MINISTÈRE

DE L'INSTRUCTION PUBLIQUE

ET DES BEAUX-ARTS.

CATALOGUE

DES

LIVRES DE LECTURES RÉCRÉATIVES

REÇUS AU MUSÉE PÉDAGOGIQUE.

DONS DES ÉDITEURS.

PARIS.

IMPRIMERIE NATIONALE.

M DCCC LXXXVIII.

PRÉFACE.

—

L'essai de *Catalogue de livres de lectures récréatives* que nous offrons dans ce fascicule a eu pour point de départ un article publié par la *Revue pédagogique* le 15 octobre 1885. Cette date indique assez qu'à défaut d'autre mérite, notre travail a celui de n'être pas une improvisation. On nous permettra de reproduire ici presque en entier cet article, qui indique avec la plus grande précision l'origine de notre entreprise, son caractère et ses limites et le but particulier que nous nous sommes proposé.

DES LECTURES POUR NOS VEILLÉES.

Nous étions un soir réunis entre universitaires : quelques professeurs de lycée et de faculté, des inspecteurs généraux et deux ou trois membres du comité de rédaction de la *Revue pédagogique*. On vint à parler de la lecture et des lectures.

«C'est ce qui manque le plus, dit quelqu'un, dans les études de notre jeunesse, surtout dans celles de l'école normale primaire. On lit les manuels de sciences et de lettres, les traités de pédagogie, les recueils de morceaux choisis, quelques classiques même, ceux qui sont portés au programme. Très bien, mais tout cela n'est pas lire, c'est étudier. On apprend ainsi à se servir du livre, non à en jouir; à l'employer, non à l'aimer. Aussi vos jeunes gens sortent de l'école normale plus savants peut-être qu'autrefois, plus chargés de bagage littéraire ou scientifique, mais non pas plus amis de la lecture, de la vraie lecture, celle qu'on fait pour soi, la lecture désintéressée, la seule tout à fait profitable à l'esprit, celle qui distingue enfin l'homme cultivé de l'homme inculte.

— Vous allez trop loin», répondit un de nos amis, qui a beaucoup vu les écoles normales et qui, les ayant visitées sous l'ancien régime et sous le nouveau, a pu faire bien des comparaisons et rendre justice au passé comme au présent. «Il n'est pas vrai que l'école normale d'aujourd'hui enferme tellement l'élève-maître dans la préparation du brevet qu'elle lui ôte toute envie de penser, de réfléchir, d'apprendre pour lui-même et par conséquent de lire, ce qui est le souverain moyen d'instruction personnelle.

« Les jeunes instituteurs de la nouvelle génération liront vraisemblablement plus et plus volontiers que ne faisaient leurs aînés. Ils ne perdront pas, comme vous le craignez, le goût de la lecture en sortant de l'école normale. La plupart resteront ce que l'école nouvelle les a faits : des esprits éveillés et ouverts, curieux, attentifs, capables de s'intéresser à tout, de vivre largement de la vie de leur temps et de leur pays.

« Savez-vous ce qu'il y a de vrai dans le reproche trop général que vous adressez aux écoles normales? C'est qu'on ne s'y exerce pas — pas assez du moins — à un genre de lectures qui ferait aimer la lecture pour la vie entière. La plupart de nos directeurs et de nos directrices d'écoles normales n'osent pas « perdre » deux ou trois fois par semaine une heure de la soirée, le dimanche et le jeudi par exemple, à lire ensemble, en famille, à la veillée, des livres autres que les manuels et les traités.

« Et pourtant la lecture à haute voix est la pierre de touche et du livre et du lecteur. Du *livre*, car, pour qu'on aille jusqu'au bout d'un volume, il faut non seulement qu'il intéresse par endroits et qu'il ait certaines qualités de style, il faut que ce soit un livre, une œuvre, un tout; il faut qu'on puisse s'y attacher et y revenir, que chacun y trouve à sa manière un aliment pour la pensée, le cœur ou l'imagination. Du *lecteur*, car il ne sait pas lire celui qui ne fait pas aimer le livre qu'il aime, celui qui n'a jamais lu que pour lui-même, tout bas, à la hâte; il croit aller plus vite, il dévore; oui, mais il ne digère pas. C'est la lecture en commun qui oblige à apprécier, à goûter ce qu'on lit. Telle page qu'on croyait avoir lue et relue, on en jouit pour la première fois, on en sent toute la portée, tout le charme ou toute l'éloquence seulement le jour où, en la lisant devant le cercle de famille, on s'aperçoit de l'émotion qui se communique, des yeux qui brillent ou qui se baissent dérobant une larme, du silence qui se fait plus grand autour du lecteur, des doigts qui s'arrêtent inconsciemment au milieu de l'ouvrage commencé.

« Voilà la vraie lecture qui fait du bien, qui est un lien dans la famille, dans la société, qui rapproche les âges, qui anime le foyer domestique. Le jour où les instituteurs auraient ce goût, ils le répandraient. Et quand ce serait un usage général, quand la lecture instructive, intéressante, ou même simplement amusante serait devenue une habitude et un besoin, voulez-vous que je vous dise franchement ce que j'en pense? Ce ne serait rien de moins qu'une petite révolution dans la vie des familles, et il ne faudrait pas vingt ans pour en voir les effets.

« Mais elle ne se fera pas, parce que les écoles normales ne la préparent, ni ne la prépareront; parce que nos meilleurs directeurs, nos meilleurs professeurs et nos meilleurs élèves sont esclaves du programme, parce qu'ils traitent toujours de paradoxe le mot si juste de Rousseau : «Savoir perdre du temps»; parce qu'ils ne comprennent pas qu'une soirée passée à des lectures d'agrément profite souvent plus, même à l'instruction proprement dite, qu'une heure d'étude passée à recopier un cours ou à résumer un chapitre de manuel.»

Il y eut un moment de silence, puis quelqu'un reprit :

«Après tout, pourquoi n'essayerait-on pas? Qui vous empêche d'expliquer au personnel des écoles normales de quel intérêt il serait de populariser, d'acclimater chez nous la lecture du soir? S'ils se rendent compte de l'importance de l'innovation, ils reconnaîtront vite qu'elle n'est ni impossible ni bien difficile.

— Impossible? elle ne l'est pas, mais assurément très difficile», reprit un nouvel interlocuteur, un publiciste dont le nom est plus connu dans la littérature que dans la pédagogie, mais qui n'en porte pas moins un vif intérêt à l'enseignement primaire. «La principale difficulté ne vient ni de routine, ni de paresse, ni de mauvais vouloir. Je serais prêt à soutenir que ce qui manque le plus pour l'institution de cette précieuse coutume des lectures récréatives en commun, ce sont les livres à lire. J'entends bien, vous allez me dire : les classiques! C'est vite dit et cela sonne bien. Mais encore? quoi au juste dans les classiques? Le théâtre? On lira *Athalie, Esther, Britannicus*, peut-être *Mithridate*, plus difficilement *Phèdre*, surtout chez les institutrices. Avez-vous essayé? Avez-vous réussi? J'ai tenté l'aventure, moi, non pas sur Racine, mais sur Corneille. Ce n'était pas dans une école normale, c'était dans des soirées populaires, devant un public d'ouvriers et d'apprentis parisiens. Croyez-moi, mes amis, c'est cruellement difficile. Çà et là quelques traits simples, grands ou sublimes se détachent et vont droit au cœur du public. Il comprend, il sent, il vibre, l'enthousiasme éclate. Mais c'est un mot, c'est une scène, ce n'est jamais l'ensemble des cinq actes qui se soutient à cette hauteur. Et quel effort pour une telle lecture! Combien avez-vous de jeunes gens, je dis même de vos bons professeurs d'école normale, qui s'en chargeraient!

«Non les classiques sont beaucoup trop forts en général pour votre jeunesse primaire, si bien préparée que vous la supposiez. Molière seul est assez près du peuple et assez loin de toutes les conventions académiques, pour rester éternellement accessible à tous. Et, en dehors du théâtre, que vous offrent les classiques qui soit pour être lu à la veillée, sur ce ton familier, simple, enjoué, qui ne fatigue pas? Lirez-vous à vos jeunes gens, à vos jeunes filles réunis le soir au salon de l'école ou dans une salle d'étude, leur lirez-vous les *Oraisons funèbres* de Bossuet? les *Lettres* de Mme de Sévigné? les *Mémoires* du cardinal de Retz, *Charles XII*, ou le *Siècle de Louis XIV*? des morceaux choisis? Mais c'est la classe qui recommence, la classe de littérature ou tout au moins la conférence littéraire; il faut à chaque phrase s'arrêter, expliquer, faire prendre

des notes. On peut, de temps à autre, faire avec succès un exercice de ce
genre. Seulement ce n'est pas là ce que notre ami demandait tout à l'heure.
Il parlait du livre qu'on lit tout d'une haleine, qui est un repos et un plaisir
de bon aloi, qui récrée, c'est-à-dire qui vous refait, qui, bien loin de vous
rappeler votre occupation ordinaire, l'enseignement, semble vous en éloigner
et vous y prépare d'autant mieux qu'il vous en délasse. Eh bien! je le demande
à ceux d'entre vous qui sont renseignés à cet égard, combien y a-t-il, dans
les bibliothèques d'écoles normales, de livres propres à ce genre de lecture?
Je gagerais qu'il n'y en a pas dix par école. »

On se récria de toutes parts : « Vous vous trompez. Les écoles normales
achètent ou reçoivent beaucoup de livres, en dehors des ouvrages didactiques
et pédagogiques. Elles ont certainement une ample provision de bons livres
d'agrément, et il faudrait que les maîtres eussent la main bien malheureuse
pour ne pas trouver en un instant dix, vingt volumes du genre que vous de-
mandez.

— Messieurs, » répartit notre publiciste piqué au jeu, « vous êtes singu-
lièrement optimistes : voulez-vous me permettre de vous mettre à l'épreuve?
Vous reconnaîtrez bien que vous êtes tous plus en mesure qu'un directeur
d'école normale au fond de la province de constituer rapidement cette petite
bibliothèque choisie : je vous donne jusqu'à demain pour m'apporter une liste
d'une vingtaine d'ouvrages que vous indiqueriez sans hésitation ni réserve
comme pouvant servir à ces lectures du soir soit dans une école normale de
garçons, soit surtout, ce qui est bien plus délicat, dans une école normale
de filles. »

Le lendemain on se revit; trois listes seulement furent apportées. Pour ne
commettre aucune indiscrétion, désignons-les par les lettres A, B, C. Les voici
telles quelles :

LISTE A.

Walter Scott...........	*Ivanhoé; les Puritains; Quentin Durward; Le Monastère.*
F. Cooper.............	*Le dernier des Mohicans; la Prairie; l'Espion.*
G. Sand..............	*La Petite Fadette; la Mare au Diable; François le Champi.*
Bernardin de Saint-Pierre	*Paul et Virginie.*
De Foë..............	*Robinson Crusoé.*
Currer Bell...........	*Shirley.*
Mistress Gaskell.........	*Nord et Sud; Crawford.*
Ch. Dickens............	*Les Contes de Noël; David Copperfield.*
Manzoni.............	*Les Fiancés.*
Toepffer.............	*Le Presbytère,* etc.
X. de Maistre..........	*Œuvres.*
Tourguéneff...........	*Terres vierges.*

Liste B.

Balzac..............	*Eugénie Grandet; Ursule Mirouet.*
Miss Cummins..........	*L'Allumeur de réverbères; Mabel Vaughan.*
Alphonse Daudet........	*Contes du lundi; le Petit Chose.*
Mérimée...............	*Colomba.*
Tourguéneff...........	*Les Mémoires d'un seigneur russe.*
Hector Malot..........	*Sans famille; Romain Kalbris.*
Edmond About,........	*Le Roi des Montagnes.*
J. Sandeau............	*Mademoiselle de la Seiglière; la Maison de Penarvan.*
Octave Feuillet........	*Histoire de Sibylle.*
Ch. Dickens...........	*Pickwick; la Petite Dorrit.*

Liste C.

A. de Vigny...........	*Servitude et grandeur militaire.*
Ferdinand Fabre.......	*L'abbé Tigrane.*
Alphonse Daudet.......	*Contes de mon moulin.*
Girardin.............	*Nous autres; les Braves Gens.*
Dickens..............	*Nicolas Nickleby; David Copperfield; Pickwick.*
Th. Gauthier..........	*Le Roman de la Momie.*
Michelet.............	*Les Soldats de la Révolution.*
Mme Henry Gréville.....	*Perdue.*
E. Quinet.............	*Mes Souvenirs.*
Léon Cahun...........	*Les Mercenaires (la 2ᵉ guerre punique); Voyages du capitaine Magon (1ᵉ siècle avant J.-C.).*
	Le Crime de Sylvestre Bonnard (de l'Institut).

« C'est très bien, dit notre ami. Voilà un commencement, et il y a du bon là-dedans. Mais... » Et il commença le chapitre des *mais* : réserves, critiques, scrupules divers, moraux, littéraires, pédagogiques. Il finit par faire hésiter l'auteur de chaque liste sur sa propre liste ou du moins sur bon nombre des noms qu'il y avait inscrits.

La discussion fut longue, vive, pleine d'arguments pour et contre; bref, comme diraient les Américains, tout à fait suggestive. Tous ceux qui y avaient pris part en gardèrent si bonne impression que l'un d'eux, comme nous allions nous séparer :

« Je propose, dit-il, qu'on n'en reste pas là et que l'on en réfère aux intéressés. Que la *Revue pédagogique* se saisisse de la question et qu'elle demande à ses lecteurs, directeurs et directrices, professeurs et inspecteurs, de nous aider à dresser ce petit catalogue de bons livres pour les lectures du soir. Demandez-leur de nous faire part chacun de sa propre expérience et rien de plus; ce ne sont pas des phrases qu'il nous faut, mais des faits; que chacun veuille bien nous dire non pas ce qu'il pense de la régénération de la France par la lecture, mais tout simplement quels ouvrages ou quelles parties d'ouvrages il a réussi à faire lire dans son école ou dans sa famille à son entière satisfaction. Ce sera un nouveau genre de critique littéraire prise sur le vif et toute faite d'observations sans parti pris, sans consigne et sans convenu. On nous dira : « Tel livre réputé amusant n'a pas amusé; tel autre que je croyais ennuyeux a plu, a charmé, a touché. » L'âge des lecteurs est pour beaucoup dans ces impressions. Nous n'y songeons pas toujours assez. Adressons-nous à ceux qui vivent avec la jeunesse et avec le peuple; ils nous feront plus d'une révélation piquante, et ils dresseront peut-être mieux que nous ce catalogue où nous avons eu bien de la peine à inscrire quelques noms, et encore . . . . .

. . . .

J'avais promis de résumer l'entretien et de transmettre la proposition aux lecteurs de la *Revue pédagogique*. A eux de répondre. La *Revue* tiendra à honneur de recueillir les communications et d'en rendre fidèlement compte. Puissent-elles être assez nombreuses et assez intéressantes pour exiger une publication à part, celle d'un petit *Catalogue raisonné des livres de lecture récréative*, dressé à l'intention de l'enseignement primaire et par la libre initiative du personnel des écoles normales!

F. Buisson.

Cet appel ne resta pas sans réponse. Il vint des lettres de tous les points de la France : la *Revue pédagogique* en fit un premier dépouillement pour ses lecteurs [1]. Le Comité de rédaction prit connaissance de quelques-unes des listes d'ouvrages que diverses écoles normales avaient dressées. Mais quand il s'agit d'en faire et d'en publier un relevé méthodique et complet, le Comité se récusa.

Le Musée pédagogique eut alors l'idée de faire faire par les éditeurs eux-mêmes ce délicat et difficile travail.

Le numéro du 15 décembre 1885 portait à la connaissance des éditeurs de Paris et des départements l'avis suivant :

La Direction du Musée pédagogique (41, rue Gay-Lussac) vient d'ouvrir et de mettre à la disposition des éditeurs une salle spéciale destinée à recevoir les meilleurs livres pouvant servir aux lectures de famille. MM. les Éditeurs

[1] Voir les numéros des 15 octobre, 15 novembre et 15 décembre 1885 (articles de M. F. Buisson), du 15 décembre 1886 (article de Mme Michelet).

qui auraient à présenter quelques ouvrages particulièrement dignes de figurer dans cette collection sont informés que la Direction du Musée est en mesure de les recevoir et de les exposer sans autres frais, pour l'exposant, que l'envoi d'un exemplaire de chaque ouvrage accompagné de l'indication du prix de vente.

En quelques semaines et pour répondre à cet appel, la plupart des éditeurs envoyèrent au Musée non plus seulement des indications, mais des collections d'ouvrages destinés aux lectures récréatives. Peu à peu ces collections se sont étendues, complétées, diversifiées. Le Musée en a fait un classement à part; elles sont mises à la disposition du public.

C'est dans ces collections que nous avons puisé pour dresser le présent Catalogue. Tout choix critique nous étant nécessairement interdit, nous n'avons éliminé que les ouvrages qui, après examen et de l'aveu même des auteurs et des éditeurs, n'ont pas semblé devoir figurer dans le cadre restreint qui nous était tracé. Nous nous sommes en outre inspirés des nombreuses communications des correspondants de la *Revue* et du Musée. Nous avons consulté les catalogues spéciaux et soumis aux éditeurs eux-mêmes nos réflexions. Nous avons enfin tenu compte des travaux analogues publiés par la Société Franklin [1], par la Ligue de l'enseignement [2] et par M. le pasteur François de Genève [3].

Il nous reste à faire connaître le plan que nous avons adopté pour cette revue sommaire des livres actuellement réunis en une bibliothèque spéciale au Musée pédagogique sous le nom de « lectures récréatives ».

[1] *Catalogue populaire*, publié par la société Franklin.

[2] *Note sur l'organisation des bibliothèques populaires d'adultes*, publiée dans le *Bulletin de la ligue française de l'enseignement* (n° 20, 1883).

[3] *Catalogue raisonné ou guide pour servir à l'achat de bons livres et à la diffusion de la saine littérature*, 2ᵉ édition. Genève, Béroud, 1887, in-8°.

Les ouvrages sont répartis en cinq sections :

1° Récits de voyages (français et étrangers);
2° Variétés littéraires et morales; histoire et biographie;
3° Poésie;
4° Romans, contes et nouvelles (français et étrangers);
5° Théâtre.

Louis TARSOT et Albert WISSEMANS,

Rédacteurs au Musée pédagogique.

CATALOGUE

D'OUVRAGES DE LECTURE.

NOMS DES AUTEURS.	TITRES DES OUVRAGES.	FORMAT.	ÉDITEURS.	PRIX.
				fr. c.
	Iʳᵉ SECTION. — RÉCITS DE VOYAGES.			
	Français.			
About (Edmond)....	La Grèce contemporaine...............	In-12.	Hachette	3 50
Idem.............	De Pontoise à Stamboul...............	In-12.	Idem.......	3 50
Allou,...........	En Chine......................	In-8°.	Delagrave. ..	2 60
Améro et Tissot.....	Les aventures de trois fugitifs (la vie en Sibérie).	In-8°.	Hachette	4 00
A. M. G..........	La France coloniale..................	In-4°.	Mame......	2 40
Ampère (J.-J.).....	Voyage en Égypte et en Nubie..........	In-8°.	C. Lévy.....	7 50
Idem.............	Promenade en Amérique (États-Unis, Cuba, Mexique).	In-8°.	Idem.......	8 00
Antichan (P.-H.)...	Grands voyages de découvertes des anciens...	In-12.	Delagrave...	1 00
Idem.............	Le pays des Khroumirs..............	In-8°.	Idem.......	1 15
Idem.............	La Tunisie, son passé et son avenir........	In-8°.	Idem.......	2 60
Armaignac (Dʳ H.)..	Voyages dans les pampas de la République Argentine.	In-8°.	Mame.......	4 00
Arve (Stephen d')...	Histoire du Mont-Blanc et de la vallée de Chamonix.	In-12.	Delagrave. ..	3 50
Augé (Lucien).....	Voyage aux sept merveilles du monde.....	In-12.	Hachette....	2 25
Auger (Ed.).......	Récits d'outre-mer	In-12.	Didier......	3 90
Aunet(Mᴸˡᵉ Léonie d').	Voyage d'une femme au Spitzberg........	In-12.	Hachette....	1 25
Babeau (A.).......	Les voyageurs en France..............	In-12.	Didot......	3 50
Baudel (M.-J.)....	Un an à Alger, excursions et souvenirs. ...	In-8°.	Delagrave. ..	3 90
Beauvoir (Comte de).	Voyage autour du monde .... 3 vol.	In-12.	Plon.......	12 00
Bellenger..........	Les récits de Marco Polo	In-12.	Dreyfous....	2 00
Bellot (J.-R.)......	Journal d'un voyage aux mers polaires.....	In-12.	Garnier.....	3 50
Berchère..........	Le désert de Suez	In-12.	Hetzel......	3 00
Bernard (F.)......	Quatre mois dans le Sahara, journal d'un voyage chez les Touaregs.	In-12.	Delagrave...	3 50
Bernard (Dʳ).....	De Lorient à Toulon sur mer et sur terre....	In-8°.	Delagrave...	1 80
Idem.............	De Cherbourg à Brest sur terre et sur mer...	In-8°.	Idem.......	1 80
Bezaure (Gaston de).	Le Fleuve bleu, voyage dans la Chine occidentale.	In-12.	Plon.......	4 00
Biart (Lucien)......	Entre deux océans	In-12.	Hennuyer ...	3 50
Biart (L.).........	A travers l'Amérique, nouvelles et récits...	In-12.	Idem.......	3 50
Bigot (Charles).....	Grèce-Turquie, le Danube..............	In-12.	Ollendorff...	3 50

NOMS DES AUTEURS.	TITRES DES OUVRAGES.	FORMAT.	ÉDITEURS.	PRIX.
				fr. c.
Bois-Robert (De)....	Nil et Danube........................	In-8°.	Courcier.....	4 00
Bouchet (Évariste)..	Souvenirs d'Italie, 1880-1882............	In-12.	Ollendorff...	5 o 3
Boulangier (E.).....	Un hiver au Cambodge.................	In-4°.	Mame.......	5 00
Bourde (P.).......	De Paris au Tonkin	In-12.	C. Lévy.....	3 5o
Bousquet (Georges)..	Le Japon de nos jours et les Échelles de l'Extrême Orient. 2 vol.	In-8°.	Hachette....	15 00
Brassay (Mᵐᵉ)......	Voyage d'une famille autour du monde.....	In-8°.	Dreyfous....	10 00
Brosselard (Henri)...	Voyage de la mission Flatters au pays des Touareg Azdjer.	In-12.	Jouvet......	2 25
Burdo (Adolphe)....	Niger et Bénué, voyage dans l'Afrique centrale.	In-12.	Plon	4 00
Campagne (E.-M.)..	Les Fleuves : Paysages, Monuments, Curiosités.	In-8°.	Mame......	1 o5
Canivet (Ch.)......	Les colonies perdues..................	In-12.	Jouvet......	2 25
Cat (Ed.).........	Les grandes découvertes maritimes (xiiiᵉ et xivᵉ siècles).	In-12.	Degorce - Cadot.	2 5o
Chalamet (Ant.)....	Les Français au Canada................	In-8°.	Picard et Kaan.	2 5o
Catlin............	La vie chez les Indiens................	In-12.	Hachette....	2 25
Chambrier (J. de)...	Un peu partout : De Neuchâtel au Bosphore.	In-12.	Sandoz et Thuillier.	
Idem............	Un peu partout : Du Jura à l'Atlas........	In-12.	Idem........	3 5o
Idem............	Un peu partout : D'Alger à Madrid.,......	In-12.	Idem........	3 00
Charmes (Gabr.)....	La Tunisie et la Tripolitaine	In-12.	C. Lévy.....	3 5o
Charton (Ed.)......	Le Tour du monde (186o-188..) chaque année séparément).	In-4°.	Hachette....	25 00
Idem.............	Voyageurs anciens et modernes ou choix des relations de voyage les plus intéressantes et les plus instructives, depuis le vᵉ siècle av. J.-C. jusqu'au xviiᵉ siècle. 4 vol.	In-4°.	Librairie du Magasin pittoresque.	24 00
Chateaubriand......	Voyage en Amérique..................	In-8°.	Rigaud	1 20
Idem............	Voyage en Amérique, en Italie, au Mont-Blanc.	In-12.	Garnier.....	3 00
Idem............	Itinéraire de Paris à Jérusalem...........	In-12.	C. Lévy.....	2 5o
Idem............	Idem..............................	In-12.	Garnier.....	3 00
Idem............	Idem..............................	In-8°.	Mame......	2 4o
Idem............	Idem.............................	In-8°.	Jouvet......	
Chevalet (Émile)...	Voyage en Islande....................	In-8°.	Mame......	o 5o
Chevalier (A.)......	Les voyageuses au xixᵉ siècle............	In-4°.	Idem.......	3 00
Clamageran (J.-J.)..	L'Algérie. Impressions de voyage (17 mars à 4 juin 1873), suivies d'une étude sur les instruments kabyles et la colonisation.	In-12.	Alcan.......	3 5o
Cortambert (Richard).	Voyage pittoresque à travers le monde. Morceaux extraits de divers auteurs.	In-8°.	Hachette....	4 00
Idem............	Mœurs et caractères des peuples (Europe, Afrique). Morceaux extraits de divers auteurs.	In-8°.	Idem.......	4 00
Cortambert.......	Mœurs et caractères des peuples (Asie, Amérique, Océanie). Morceaux extraits de divers auteurs.	In-8°.	Hachette....	4 00
Cotteau (Edmond)...	Promenades dans les deux Amériques......	In-12.	Charpentier..	3 5o

NOMS DES AUTEURS.	TITRES DES OUVRAGES.	FORMAT.	ÉDITEURS.	PRIX.
				fr. c.
Cotteau (Edmond)..	Un touriste dans l'Extrême Orient, Japon, Indo-Chine et Tonkin.	In-12.	Hachette....	4 00
Idem.............	De Paris au Japon à travers la Sibérie......	In-12.	Idem.......	4 00
Idem	Promenade dans l'Inde et à Ceylan........	In-12.	Plon	4 00
Coudreau (H.)	Les Français en Amazonie...............	In 8°.	Picard et Kaan	2 50
Daireaux (Émile) ...	Buenos-Ayres, la Pampa et Patagonie......	In-12.	Hachette....	4 00
Delaporte.........	Voyage au Cambodge, l'architecture Khmer.	In-8°.	Delagrave ...	20 00
Delcourt (Pierre)...	Les Robinsons français.................	In-4°.	Jouvet......	10 00
Denis (F.)........	Le Brahme voyageur...................	In-12.	Didot.......	1 50
Denis et Chauvin....	Les vrais Robinsons...................	In-8°.	Librairie du Magasin pittoresque.	15 00
Depelchin (P.)	La Hollande à vol d'oiseau..............	In-8°.	Mame	1 20
Depping	Le Japon..........................	In-12.	Jouvet......	2 25
Dick de Lonlay....	De Paris à Moscou.	In-8°.	Mame.......	1 20
Idem.............	A travers la Bulgarie.................	In-8°.	Garnier	3 50
Drohojowska (C***)..	L'Algérie française.	In-12.	Dupont.....	2 00
Dubarry (Armand)..	Aventures périlleuses de Narcisse Nicaise, au Congo.	In-8°.	Charavay....	2 50
Idem.............	Voyage au Dahomey...................	In-12.	Dreyfous....	2 00
Dubois (Lucien)....	Le Pôle et l'Équateur. études sur les dernières explorations du globe.	In-12.	Lecoffre.....	2 00
Duguay-Trouin	Vie de M. Duguay-Trouin écrite de sa main et dont il a fait présent lui-même à la famille de MM. de Lamothe, à Brest.	In-8°.	Jouvet......	6 00
Dumas (Alexandre)..	Impressions de voyage........... 29 vol. Chaque volume se vend séparément.	In-12.	C. Lévy	1 00
Dumont (Albert)....	Le Balkan et l'Adriatique...............	In-12.	Didier......	3 00
Dumont d'Urville....	Voyage de Dumont d'Urville autour du monde.	In-12.	Dreyfous....	2 60
Dumoulin (Stéph.)..	Au Tonkin.	In-4°.	Delagrave...	5 00
Durier (Charles)....	Le Mont-Blanc.....................	In-8°.	Sandoz et Fischbacher.	3 50
Dutreuil de Rhins...	Le royaume d'Annam et les Annamites, journal de voyage.	In-12.	Plon	4 00
Duveyrier...... ...	En Tunisie.........................	In-8°.	Hachette....	2 00
Duvillard (Mme) ...	Esquisses italiennes...................	In-12.	Fischbacher..	3 50
Énault (Louis).....	L'Inde pittoresque.	In-4°.	Garnier.....	20 00
Idem.............	La Méditerranée, ses îles et ses bords......	In-4°.	Idem.......	20 00
Ernouf...........	Le Caucase	In-12.	Plon	4 00
Estournelles de Constant (Baron d').	La vie de province en Grèce.............	In-12.	Hachette	3 50
Eyriès et Alfred Jacob.	Voyage en Asie et en Afrique............	In-8°.	Jouvet......	15 00
Farine (Ch.).......	Kabyles et Khroumirs.................	In-8°.	Ducrocq. ...	4 00
Feuilleret (Henri)...	Mungo Park, sa vie et ses voyages........	In-8°.	Mame	1 25
Idem.............	Voyage à la recherche de sir John Franklin.	In-8°.	Idem.......	0 80
Fonvielle (W. de)...	Le glaçon du Polaris. aventures du capitaine Tyson, racontées d'après les publications américaines.	In-12.	Hachette....	2 25

NOMS DES AUTEURS.	TITRES DES OUVRAGES.	FORMAT.	ÉDITEURS.	PRIX.
				fr. c.
Fonvielle (W. de)...	Les affamés du Pôle Nord. Récits de l'expédition du major Greeley.	In-12.	Hachette....	4 oo
Idem...............	La pose du premier câble...............	In-12.	Idem......	1 25
Fournel (V.).......	Promenades d'un touriste...............	In-12.	Baltenweck..	2 oo
Idem.............	Aux pays du soleil....................	In-8°.	Mame......	2 oo
Frank (Georges)....	Voyages et découvertes de J. Crevaux. Notice biographique, relation de voyage.	In-12.	Picard et Kaan.	o 40
Idem...............	Voyages et découvertes de René Caillé.....	In-12.	Idem........	o 40
Frédé (P.)........	Voyage en Arménie et en Perse...........	In-8°.	Delagrave...	1 15
Idem.............	Chasse aux castors dans l'Amérique russe...	In-8°.	Idem.......	o 90
Idem.............	Voyage au pôle Nord et en Laponie.......	In-8°.	Idem.......	1 80
Idem.............	Chasse à l'éléphant à Ceylan..............	In-8°.	Idem.......	o 90
Frémine (A. et Ch.).	Les Français dans les îles de la Manche....	In-8°.	Picard et Kaan.	2 50
Fromentin (Eug.)...	Une année dans le Sahel................	In-12.	E. Plon.....	3 50
Idem.............	Un été dans le Sahara..................	In-12.	Idem.......	3 50
Gaffarel (Paul).....	Les explorations françaises de 1870 à 1881..	In-12.	Degorce-Cadol.	2 50
Garneray (L.)......	Voyages, aventures et combats.... 2 vol. Chaque volume se vend séparément.	In-12.	Fetscherin et Chuit.	1 25
Garnier (F.).......	Nouvel abrégé de tous les voyages autour du monde. 2 vol.	In-12.	Mame......	1 60
Garnier (Jules).....	Voyage autour du monde : 1° Nouvelle-Calédonie...............	In-12.	Plon.......	4 oo
Idem.............	2° Océanie, île des Pins, Loyalty et Taïti.	In-12.	Idem.......	4 oo
Gasparin (Cesse de)..	La bande du Jura............... 4 vol.	In-12.	C. Lévy.....	10 oo
Idem.............	Voyage au Levant............... 2 vol.	In-12.	Idem.......	2 90
Idem.............	A travers les Espagnes..................	In-12.	Idem.......	3 50
Idem.............	Andalousie et Portugal..................	In-12.	Idem.......	3 50
Idem.............	A Constantinople......................	In-12.	Idem.......	3 50
Gauthier (Th.).....	Voyage en Russie............... 2 vol.	In-12.	Idem.......	7 oo
Idem.............	Voyage en Espagne....................	In-12.	Charpentier..	3 50
Gavard et Ami Perrier.	Vie et voyages du Dr David Livingstone....	In-12.	Delagrave...	2 oo
Génin (E.)........	Les expéditions de Brazza...............	In-12.	Libr. générale de vulgarisation.	1 50
Geslin (J.)........	L'expédition de la Jeannette au pôle Nord...	In-12.	Dreyfous....	7 oo
Gilliéron (Alfr.)!....	Grèce et Turquie.....................	In-12.	Fischbacher..	4 oo
Girard (J.)........	Les rivages de la France autrefois et aujourd'hui.	In-8°.	Delagrave...	2 60
Goblet d'Alviella....	Sahara et Laponie.....................	In-12.	Plon.......	4 oo
Idem.............	Inde et Himalaya.....................	In-12.	Idem.......	4 oo
Gœpp et Cordier....	Les grands hommes de la France. Voyageurs : René Caillié.	In-12.	Ducrocq....	3 oo
Idem.............	Les grands hommes de la France. — Navigateurs.	In-12.	Idem.......	3 oo
Gœpp et Manoury d'Ectot.	Les Marins.....................	In-12.	Idem.......	3 oo

NOMS DES AUTEURS.	TITRES DES OUVRAGES.	FORMAT.	ÉDITEURS.	PRIX.
				fr. c.
Gourdault (J.)	L'Italie pittoresque	In-8°.	Hachette	2 60
Idem	La Suisse pittoresque	In-8°.	Idem	2 60
Idem	L'homme blanc au pays des Noirs	In-12.	Jouvet	2 25
Gros (Jules)	Les voyages et les découvertes de Paul Soleillet dans le Sahara et dans le Soudan.	In-12.	Dreyfous	2 00
Idem	Explorations des régions polaires	In-12.	Idem	2 00
Idem	Nos explorateurs en Afrique	In-8°.	Picard et Kaan.	2 50
Idem	Paul Soleillet en Afrique	In-8°.	Idem	2 50
Idem	Les Français en Guyane	In-8°.	Idem	2 50
Idem	Origines de la conquête du Tong-Kin, depuis l'expédition de Jean Dupuis jusqu'à la mort d'Henri Rivière	In-8°.	Idem	2 50
Havard (H.)	La terre des gueux	In-12.	Quantin	3 00
Havard (Henry)	La Hollande pittoresque : Voyage aux villes mortes du Zuydersée.	In-12.	Plon	4 00
Idem	La Hollande pittoresque : Le cœur du pays.	In-12.	Idem	4 00
Héricault (D')	Histoire nationale de naufrages et d'aventures de mer.	In-12.	Gaume	3 00
Hertz	Côtes de Guinée.	In-12.	Delagrave	1 25
Hervé (Jacques)	L'Égypte	In-12.	Jouvet	2 25
Hervé et de Lanoye	Voyage dans les glaces du pôle arctique	In-12.	Hachette	2 25
Hommaire de Hell (Mme).	Les steppes de la mer Caspienne	In-12.	Didier	3 50
Hubner (Baron de)	A travers l'empire britannique 2 vol.	In-8°.	Hachette	15 00
Idem	Promenade autour du monde 2 vol.	In-12.	Idem	8 00
Hue (Fern.)	Les Français à Madagascar	In-8°.	Picard et Kaan.	2 50
Hue et Haurigot	Nos petites colonies	In-12.	Oudin	3 50
Hugo (Victor)	Le Rhin	In-8°.	Hetzel	4 50
Jacolliot	L'Afrique mystérieuse. (L'homme des déserts.)	In-12.	Dreyfous	2 00
Idem	Voyages au pays mystérieux	In-12.	Marpon	3 50
Idem	Voyages au pays des singes	In-12.	Idem	3 50
Idem	Voyages aux rives du Niger	In-12.	Idem	3 50
Idem	Voyage dans le buisson australien	In-12.	Idem	3 50
Idem	Voyage au pays des kangourous	In-12.	Idem	3 50
Jeannest (Ch.)	Quatre années au Congo	In-12.	Charpentier	3 50
Jedina (De)	Voyage autour de l'Afrique	In-8°.	Dreyfous	10 00
Jonveaux	Deux ans dans l'Afrique orientale	In-8°.	Mame	1 20
Jourdan (Ch.)	Croquis algériens	In-12.	Quantin	3 00
Jurien de la Gravière	Voyage de la corvette la Bayonnaise dans les mers de Chine. 2 vol.	In-12.	Plon	8 00
Idem	La station du Levant 2 vol.	In-12.	Idem	8 00
Idem	Souvenirs d'un amiral. 2 vol.	In-12.	Hachette	7 00
Kœchlin-Schwartz	Un touriste en Laponie	In-12.	Hachette	3 50
Idem	Un touriste au Caucase	In-12.	Hetzel	3 00

NOMS DES AUTEURS.	TITRES DES OUVRAGES.	FORMAT.	ÉDITEURS.	PRIX.
				fr. c.
Kohn-Abrest........	En Algérie, trois mois de vacances........	In-8°.	Delagrave...	1 15
Idem.............	La Tripolitaine et l'Égypte..............	In-8°.	*Idem*......	1 15
Labesse (Ed. D.) et H. Pierret.	Notre pays de France. Autour des pays....	In-4°.	Ducrocq	5 00
La Landelle (G. de).	Histoires maritimes....................	In-8°.	Delagrave....	2 60
Lamartine	Voyage en Orient .... 2 vol.	In-12.	Hachette	7 00
Lamothe (H. de)....	Cinq mois chez les Français d'Amérique....	In-12.	*Idem*......	4 00
Lanoye (De).......	Le Nil, son bassin et ses sources..........	In-12.	*Idem*......	2 25
Latour (A. de).....	Valence et Valladolid, nouvelle étude sur l'Espagne.	In-12.	Plon	4 00
Lebrun (Henri)....	Voyages et découvertes dans l'Afrique......	In-12.	Mame	1 50
Idem.............	Voyages et découvertes des compagnons de Colomb.	In-12.	*Idem*......	0 80
Idem.............	Aventures et conquêtes de Fernand Cortez au Mexique.	In-12.	*Idem*......	0 80
Idem.............	Voyages et aventures du capitaine Cook.....	In-8°.	*Idem*......	0 65
Le Chartier (H.)....	Tahiti...........................	In-12.	Jouvet......	2 25
Idem.............	La Nouvelle-Calédonie et les Nouvelles-Hébrides.	In-12.	*Idem*......	2 25
Leclercq (Jules)....	Voyage au Mexique de New-York à Vera-Cruz.	In-12.	Hachette	4 00
Idem.............	Un été en Amérique....................	In-12.	Plon	4 00
Idem.............	Voyages dans le Nord de l'Europe.........	In-8°.	Mame......	2 40
Idem.............	Promenades et escalades dans les Pyrénées...	In-8°.	*Idem*......	1 30
Idem.............	Le Tyrol et le pays des dolomites..........	In-12.	Quantin	3 00
Idem.............	La terre de glace.....................	In-12.	Plon	4 00
Idem	La terre des merveilles.................	In-12.	Hachette	4 00
Le Moyne (A.).....	La Nouvelle-Grenade............ 2 vol.	In-12.	Quantin.....	6 00
Léou.............	Souvenirs d'un colon..................	In-12.	Hennuyer...	3 50
Leouzon-Leduc.....	Souvenirs et impressions de voyage dans les pays du Nord de l'Europe.	In-8°.	Delagrave...	3 90
Levaillant.........	Premier voyage de F. Levaillant dans l'intérieur de l'Afrique.	In-12.	Delagrave...	1 00
Levallois (J.)......	Autour de Paris, promenades historiques....	In-8°.	Mame......	4 00
Levot	Récits de naufrages, incendies, tempêtes et autres évènements de mer.	In-12.	Challamel...	2 00
Long (Comm¹ de)...	Voyage de *la Jeannette*. Journal de l'expédition.	In-8°.	Hachette	10 00
Mage.............	Voyage dans le Soudan occidental	In-12.	Hachette....	2 25
Malte-Brun........	Les Jeunes voyageurs en France..........	In-12.	Ducrocq. ...	4 00
Mangin (Arthur). ..	Voyage à la Nouvelle-Calédonie..........	In-8°.	Delagrave...	1 15
Idem.	Les déserts torrides et les déserts glacés.....	In-8°.	Mame......	1 15
Margueritte (Général)	Chasses de l'Algérie...................	In-12.	Jouvet......	3 50
Markham........	La mer glacée du pôle.................	In-12.	Hachette	4 00
Marmier (X.)......	Du Danube au Caucase	In-12.	Garnier.....	3 50
Idem............	Les voyageurs nouveaux .... 3 vol.	In-12.	*Idem*......	10 50
Idem............	Souvenirs d'un voyageur................	*Idem*.	Didier......	3 50
Marmier (X.)......	Voyage pittoresque en Allemagne, partie méridionale.	In-4°.	Garnier.....	12 00

NOMS DES AUTEURS.	TITRES DES OUVRAGES.	FORMAT.	ÉDITEURS.	PRIX.
				fr. c.
Maynard (Docteur)..	Un drame dans les mers boréales	In-12.	C. Lévy.	1 00
Meignon	De Paris à Pékin par la Sibérie	In-12.	Plon	4 00
Méry	Constantinople et la mer Noire	In-4°.	Garnier	20 00
Meylan (A.).	A travers l'Albanie, souvenirs d'un voyage..	In-8°.	Delagrave. . .	0 90
Mézières (Alfr.)	En France (xviiiᵉ et xixᵉ siècles).	In-12.	Hachette	3 50
Idem	Hors de France (Italie, Espagne, Angleterre, Grèce moderne).	In-12.	Idem	3 50
Molinari (De)	Au Canada et aux montagnes Rocheuses en Russie. en Corse, à l'exposition d'Anvers..	In-12.	Reinwald . . .	3 50
Idem	L'Irlande, le Canada, Jersey	In-12.	Dentu	3 50
Montégut (Émile) . . .	Souvenirs de Bourgogne	In-12.	Hachette.	4 00
Idem	En Bourbonnais et en Forez.	In-12.	Idem	4 00
Moser (H.)	A travers l'Asie centrale.	In-8°.	Plon	20 00
Moubot	Voyage dans les royaumes de Siam. de Cambodge et de Laos.	In-12.	Hachette	1 25
Mouy (Ch. de)	Lettres du Bosphore	In-12.	Plon	4 00
Muller (Eug.)	Un Français en Sibérie.	In 8°.	Delagrave . . .	6 00
Idem	Mémoires d'un Mandarin	In-8°.	Mame	1 30
Narjoux (Félix)	Un tour en Europe.	In-12.	Marpon	3 50
Navery (R. de)	Les voyages de Camoens.	In-12.	Hennuyer . . .	3 50
Orbigny (D')	Voyage dans les deux Amériques (illustré)..	In-8°.	Jouvet.	15 00
Palgrave	Une année dans l'Arabie centrale	In-12.	Hachette	2 25
Perrot (Georges)	Souvenirs d'un voyage en Asie Mineure.	In-8°.	C. Lévy	7 50
Pietri (Capitaine) . . .	Les Français au Niger	In-12.	Hachette	4 00
Piron (H.)	L'île de Cuba	In 12.	Plon	4 00
Poitou (Eug.)	Voyage en Espagne.	In-4°.	Mame	5 00
Idem	Un hiver en Égypte	In-4°.	Idem	5 00
Prévost-Duclos	La Ville enchantée, voyage au lac Tanganika.	In 8°.	Mame.	2 25
Quesnoy (Dʳ)	L'Algérie.	In-12.	Jouvet	0 65
Quinet (Edgar)	Mes vacances en Espagne.	In-12.	Alcan	3 50
Raffray	Afrique orientale (l'Abyssinie)	In-12.	Plon	4 00
Raynal	Les naufragés des îles Auckland	In-8°.	Hachette	10 00
Révoil	Voyage au pays des kangurous	In-8°.	Mame	1 30
Idem	Chasses dans l'Amérique du Nord	In-8°.	Idem	2 40
Idem	Idem	In-4°.	Idem	5 00
Idem	Aventures extraordinaires sur terre et sur mer.	In-12.	Ardant	0 65
Rivière (Henri)	Souvenirs de la Nouvelle-Calédonie	In-12.	C. Lévy	3 50
Rivoyre (Denis de) . .	Obock, Mascate, Bouchire, Bassorah	In-12.	Plon	4 00
Idem	Les Français à Obock	In-8°.	Picard et Kaan	2 50
Rochechouart (De) . .	Les Indes, la Birmanie, etc	In-12.	Plon	4 00
Rousset (L.)	A travers la Chine.	In-12.	Hachette	4 00
Roussin	Une campagne sur les côtes du Japon	In-12.	Idem	3 50
Russel (Stanislas) . . .	Une mission en Abyssinie et dans la mer Rouge.	In-12.	Idem	3 50
Sachot (Oct.)	Grandes cités de l'Ouest américain	In-12.	Ducrocq	2 00
Idem	Récits de voyages (aventures. types, etc.)..	In-12.	Idem	2 00

NOMS DES AUTEURS.	TITRES DES OUVRAGES.	FORMAT.	ÉDITEURS.	PRIX.
				fr. c.
Sachot (Oct.)......	Récits de voyages (nègres et Papous)......	In-12.	Ducrocq....	2 00
Idem.............	La Sibérie orientale et l'Amérique russe....	In-12.	Idem.......	2 00
Saussure (H. B. de).	Voyage dans les Alpes. Partie historique....	In-12.	Fischbacher..	2 50
Idem.............	Voyage dans les Alpes. Partie pittoresque...	In-12.	Idem.......	3 50
Ségalas (Anaïs). ...	Récits des Antilles, le bois de la Soufrière..	In-8°.	Delagrave. ..	1 15
Simonin..........	Le Grand-Ouest des États-Unis (les Pionniers et les Peaux-Rouges, les colons du Pacifique).	In-12.	Charpentier..	3 50
Idem.............	A travers les États-Unis, de l'Atlantique au Pacifique. (Le grand désert américain. — Les Mormons.)	In-12.	Idem.......	3 50
Soleillet (P.).......	Voyages et découvertes dans le Soudan et le Sahara.	In-12.	Dreyfous....	2 50
Idem.............	En Éthiopie......................	In-12.	Idem.......	2 00
Stahl.............	Mon premier voyage en mer.............	In-16.	Hetzel......	5 00
Taine............	Voyage en Italie. .... 2 vol.	In-12.	Hachette....	7 00
Idem.............	Voyages aux Pyrénées.............	In-12.	Idem.......	4 00
Talbert..........	Les Alpes. Études et souvenirs..........	In-8°.	Idem.......	1 50
Tissandier (G.).....	Histoire de mes ascensions.............	In-12.	Dreyfous....	2 00
Tissot (Victor).	De Paris à Berlin. Mes vacances en Allemagne.	In-12.	Fetscherin et Chuit.	1 25
Idem.............	La Chine.....................	In-12.	Jouvet......	2 25
Idem.............	L'Afrique pittoresque..............	In-4°.	Delagrave. ..	5 00
Idem.............	Curiosités de l'Allemagne du Nord........	In-8°.	Idem.......	2 60
Idem.............	Curiosités de l'Allemagne du Sud..........	In-8°.	Idem........	2 60
Tœpffer...........	Premiers voyages en zigzag.............	In-8°.	Garnier.....	12 00
Idem.............	Nouveaux voyages en zigzag............	In-8°.	Idem.......	12 00
Trébuchet (Léon)...	Les étapes d'un touriste en France. Belle-Isle-en-Mer.	In-12.	Hennuyer ...	1 50
Idem.............	La baie de Cancale.................	In-12.	Idem.......	50
Ursel (Comte Ch. d').	Sud-Amérique....................	In-12.	Plon.......	4 40
Valbezen (E. de) ...	Les Anglais et l'Inde (nouv. études). 2 vol.	In-8°.	Idem.......	15 00
Valentin..........	Voyages et aventures de Lapérouse........	In-12.	Idem.......	0 80
Vandal...........	En Carriole à travers la Suède et la Norvège...	In-12.	Plon.......	4 00
Vast (H.).........	Le Tour du monde il y a quatre siècles....	In-8°.	Hachette....	1 20
Vattemare.........	A travers l'Australie. — Récits des découvertes, etc.	In-8°.	Idem.......	1 20
Verne (Jules)......	Histoire des grands voyages et des grands voyageurs. 6 vol.	In-12.	Hetzel......	18 00
Vernes d'Arlandes...	En Algérie, à travers l'Espagne et le Maroc.	In-12.	C. Lévy.....	3 50
Villetard..........	Le Japon.....................	In-8°.	Hachette....	1 20
Vogué (E. M. de)...	Syrie, Palestine, Mont-Athos, voyage au pays du passé.	In-12.	Plon.......	4 00
Wallut (Ch.).......	L'oasis, scènes du désert.............	In-8°.	Delagrave. ..	1 15
Idem.............	Sur les rives de l'Amazone, voyage d'une femme.	In-8°.	Idem.......	1 15
Wogan (De).......	Six mois dans le Far West.............	In-12.	Didier......	3 50
X	Voyages des poètes français aux xviiᵉ et xviiiᵉ siècles.	In-8°.	Delagrave. ..	1 00

NOMS DES AUTEURS.	TITRES DES OUVRAGES.	FORMAT.	ÉDITEURS.	PRIX.
				fr. c.
Yriarte (Ch.)	Bosnie et Herzégovine. Souvenirs de voyage pendant l'insurrection.	In-8c.	Plon	4 00
Weiss (J.-J.)	Au pays du Rhin.	In-12.	Charpentier .	3 50
Zurcher et Margollé. .	Les naufrages célèbres.	In-12.	Hachette	2 25
Idem	Histoire de la navigation.	In-12.	Hetzel	2 25
Idem	Les ascensions célèbres	In-12.	Hachette	2 25

Étrangers.

NOMS DES AUTEURS.	TITRES DES OUVRAGES.	FORMAT.	ÉDITEURS.	PRIX.
Agassiz (M. et Mme).	Voyage au Brésil, traduit de l'anglais par Vogeli et abrégé par J. Belin de Launay.	In-12.	Hachette. . . .	2 25
Amicis (E. de)	L'Espagne.	In-12.	Idem	4 00
Idem	Constantinople.	In-12.	Idem	4 00
Idem	La Hollande	In-12.	Idem	4 00
Idem	Souvenirs de Paris et de Londres.	In-12.	Idem	3 50
Idem	Le Maroc.	In-4°.	Idem	3 50
Baker (Sir Samuel White).	Le lac Albert.	In-12.	Idem	1 25
Idem	Découverte de l'Albert N'Yanza (trad. de l'anglais par G. Masson).	In-8°.	Idem	10 00
Idem	L'Afrique équatoriale, récit d'une expédition ayant pour but la suppression de la traite des esclaves (abrégé par H. Vattemare).	In-8°.	Idem	1 20
Idem	Exploration du Haut Nil, récit d'un voyage dans l'Afrique centrale (abrégé par H. Vattemare).	In-8°.	Idem	1 20
Baldwin	Récits de chasse, du Natal au Zambèze (abrégés par Vattemare).	In-8°.	Idem	1 20
Barker (Lady)	Une femme du monde à la Nouvelle-Zélande.	In-12.	F Didot. . . .	3 00
Bikelas.	De Nicopolis à Olympie. Lettres à un ami. .	In-12.	Ollendorf . . .	3 50
Bishop (N. H.)	En canot de papier. — De Québec au golfe du Mexique (trad. par Hephell).	In-12.	Plon.	4 00
Brassey (Mme)	Le tour du monde en famille (trad. par R. Viot).	In-4°.	Mame.	5 00
Bremer (Mlle)	Abrégé des voyages de Mlle Bremer.	In-12.	Garnier.	3 00
Burnaby (F.)	Une visite à Khiva, aventures de voyages dans l'Asie centrale (trad. par Hephell).	In-12.	Plon	4 00
Burton (Le capitaine).	Voyage à la Mecque aux grands lacs de l'Afrique et chez les Mormons (traduit de l'anglais par Mme H. Loreau).	In-12.	Hachette. . . .	1 25
Cameron (Le commandant).	A travers l'Afrique, voyage de Zanzibar à Benguela (trad. de l'anglais par Mme H. Loreau) avec 130 gravures et une carte.	In-8°.	Hachette. . . .	10 00
Campe	Découverte de l'Amérique (trad. par Charles Saint-Maurice).	In-12.	Garnier.	3 00
Idem	Découverte de l'Amérique.	In-8°.	Delalain	3 00
Chaillé-Long	L'Afrique centrale (trad. de l'anglais par Mme Foussé de Sacy).	In-12.	Plon	4 00
Coote.	L'océan Pacifique.	In-12.	Delagrave. . .	1 15

NOMS DES AUTEURS.	TITRES DES OUVRAGES.	FORMAT.	ÉDITEURS.	PRIX.
				fr. c.
Cooke (Le capitaine).	Le premier voyage du capitaine Cook, raconté par lui-même.	In-12.	Dreyfous....	2 00
Idem..............	Le deuxième voyage du capitaine Cook autour du monde sur l'*Aventure* et la *Résolue* (1772-1775), raconté par lui-même.	In-8°.	Idem.......	2 00
Cozzens (S.-W.)....	Voyage dans le Nouveau-Mexique.........	In-12.	Garnier.....	2 50
Idem..............	Voyage dans l'Arizona.................	In-12.	Idem......	2 50
Dixon (Hepworth)..	La Russie libre (trad. par E. Jouveaux)...	In-8°.	Hachette....	10 00
Idem..............	La conquête blanche, voyage aux États-Unis d'Amérique (trad. par H. Vattemare).	In-8°.	Idem......	10 00
Hall..............	Deux ans chez les Esquimaux (trad. de Mme Loreau).	In-8°.	Hachette....	1 20
Hayes..............	La mer libre du pôle (abrégé par Belin de Launay).	In-12.	Idem......	1 25
Idem..............	La terre de désolation, excursion d'été au Groënland.	In-8°.	Idem......	10 00
Idem..............	Perdus dans les glaces (trad. de Léon Renard).	In-8°.	Idem......	4 00
Hoffmann (Franz)...	La colonie du Cap, aventures de voyages (trad. de l'allemand par Mlle Simons).	In-8°.	Mame......	0 95
Irving (Wash.).....	Un tour dans les prairies à l'ouest des États-Unis.	In-8°.	Idem......	1 05
Johnson	Dans l'extrême Far West (trad. Talandier).	In-12.	Hachette....	2 25
Karasine..........	Le pays où l'on se battra, voyage d'un Russe dans l'Asie centrale (trad. par Tatania Lwoff et A. Teste).	In-12.	Dreyfous....	2 00
Kingston..........	Aventures périlleuses chez les Peaux-Rouges.	In-12.	Idem......	2 00
Idem..............	Une croisière autour du monde (trad. Belin de Launay).	In-8°.	Hachette....	4 00
Livingstone (David)..	Voyage d'exploration au Zambèze et dans l'Afrique centrale (abrégé par Vattenare).	In-8°.	Idem......	1 20
Idem..............	Dernier journal, abrégé d'après la traduction de Mme Loreau, par J. Belin de Launay.	In-12.	Idem......	1 25
Livingstone (David et Charles).	Exploration dans l'Afrique australe et dans le bassin du Zambèze depuis 1840 jusqu'en 1864.	In-12.	Idem......	1 25
May (Karl)........	La caravane de la mort, souvenirs de voyage (trad. de l'allemand par J. de Rochay).	In-12.	Mame.......	2 00
Idem..............	Une maison mystérieuse à Stamboul, souvenirs de voyage (trad. de l'allemand par J. de Rochay).	In-12.	Idem......	2 00
May (Karl)........	Les États-Unis d'Amérique (abrégé par Vattenare).	In-8°.	Hachette....	1 20
Idem..............	Les pirates de la mer Rouge, souvenirs de voyage (trad. de l'allemand par J. de Rochay).	In-12.	Mame.......	2 00
Idem..............	Une visite au pays du diable, souvenirs de voyage (trad. de l'allemand par J. de Rochay).	In-12.	Idem......	2 00
Milne (W. C.).....	La vie réelle en Chine.................	In-12.	Hachette....	3 50
Milton et Cheadle ...	Voyage de l'Atlantique au Pacifique (trad. par Belin de Launay).	In-12.	Idem......	1 25

NOMS DES AUTEURS.	TITRES DES OUVRAGES.	FORMAT.	ÉDITEURS.	PRIX
				fr. c.
Nares.	Expédition anglaise au Pôle Nord, 1875-1876 (trad. Le Clerc).	In-12.	Delagrave	1 00
Nordenskiold	Lettres racontant son expédition à la découverte du passage nord-est.	In-12.	Dreyfous	2 00
Old Nick	La Chine ouverte	In-8°.	Garnier	11 00
Payer	La terre de François-Joseph et la mer de la Nouvelle-Zélande (abrégé par Vattemare).	In-8°.	Hachette	1 20
Idem	L'expédition du Tegetthof (trad. Gourdault).	In-8°.	Idem	10 00
Pfeiffer (Ida)	Voyage à Madagascar	In-12.	Idem	4 00
Idem	Voyage d'une femme autour du monde	In-12.	Idem	4 00
Idem	Mon second voyage autour du monde	In-12.	Idem	4 00
Schweinfurth	Au cœur de l'Afrique (trad. Belin de Launay).	In-12.	Idem	1 25
Smiles (Samuel)	Voyage d'un jeune garçon autour du monde.	In-12.	Plon	3 00
Speke (Le capitaine)	Journal de la découverte des sources du Nil.	In-8°.	Hachette	10 00
Idem	Abrégé par Belin de Launay	In-12.	Idem	1 25
Stanley (H.)	Lettres (trad. Bellenger)	In-12.	Dreyfous	2 00
Idem	A travers le continent mystérieux (trad. de Mᵐᵉ Loreau). 2 vol.	In-8°.	Hachette	20 00
Idem	Comment j'ai retrouvé Livingstone	In-12.	Idem	1 25
Idem	La terre de servitude (trad. Levoisin)	In-8°.	Idem	4 00
Tcheng-Ki-Tong	Les Chinois peints par eux-mêmes	In-12.	C. Lévy	3 50
Thomson (J.)	Dix ans de voyages dans la Chine et l'Indo-Chine (trad. Talandier et Vattemare).	In-8°.	Hachette	10 00
Idem	Traduction abrégée par Vattemare	In-12.	Idem	1 50
Vambéry (Arm.)	Voyages d'un faux derviche dans l'Asie centrale (abrégée par Vattemare).	In-8°.	Idem	1 20
Walace (A. Russel)	La Malaisie (abrégé par Vattemare)	In-8°.	Idem	1 20
Whymper	Voyages et aventures dans la Colombie anglaise (abrégé par Vattemare).	In-8°.	Idem	1 20
Idem	Voyages et aventures dans l'Alaska (ancienne Amérique russe), trad. E. Jouveaux.	In-8°.	Idem	10 00
Wiener (Charles)	Pérou et Bolivie	In-8°.	Idem	25 00

NOMS DES AUTEURS.	TITRES DES OUVRAGES.	FORMAT.	ÉDITEURS.	PRIX.
				fr. c.

IIᵉ SECTION. — VARIÉTÉS (LITTÉRATURE, SCIENCES, HISTOIRE).

NOMS DES AUTEURS.	TITRES DES OUVRAGES.	FORMAT.	ÉDITEURS.	PRIX.
About (Ed.)	Alsace	In-12.	Hachette	3 50
Achard (Amédée)	Récits d'un soldat. Une armée prisonnière- Une campagne devant Paris.	In-12.	Lévy	3 50
Armagnac	Quinze jours en campagne	In-12.	Hachette	1 00
Barbou (Alfr.)	Le chien, son histoire, ses exploits, ses aventures.	In-8°.	Jouvet	10 00
Bergerac (Cyrano de).	Histoire comique des états et empires de la lune et du soleil.	In-12.	Delagrave	1 00
Bergeret (Gust.)	Dans le monde officiel	In-12.	Ollendorf	3 50
Berlioz (Hector)	Mémoires. 2 vol.	In-12.	Lévy	3 50
Berthoud (Sir H.)	Les soirées du docteur Sam	In-8°.	Garnier	7 50
Idem	Contes du docteur Sam	In-8°.	Idem	7 50
Idem	Les hôtes du logis	In-8°.	Idem	7 50
Idem	L'homme depuis cinq mille ans	In-8°.	Idem	7 50
Idem	Le monde des insectes	In-8°.	Idem	7 50
Idem	Les féeries de la science	In-8°.	Idem	7 50
Idem	La cassette des sept amis	In-8°.	Idem	7 50
Besneray (M. de)	Les grandes époques de la peinture	In-8°.	Delagrave	2 60
Bisson (A.) et Th. de Lajarte.	Petite encyclopédie musicale. 2 vol.	In-12.	Hennuyer	6 00
Block (M.)	Épouses et sœurs	In-8°.	Delagrave	1 80
Idem	Les mères des grands hommes	In-8°.	Idem	1 80
Boissier (Gaston)	Mᵐᵉ de Sévigné	In-12.	Hachette	2 00
Bondois (Paul)	Davout	In-8°.	Picard et Kaan.	0 80
Idem	V. Hugo	In-8°.	Idem	1 20
Idem	Villars et Catinat	In-8°.	Idem	1 20
Idem	Masséna	In-8°.	Idem	0 80
Idem	Vauban et Riquet	In-8°.	Idem	1 20
Idem	Necker	In-12.	Idem	0 80
Bonnières (Rob. de).	Mémoires d'aujourd'hui, 1ʳᵉ série	In-12.	Ollendorf	3 50
Idem	Mémoires d'aujourd'hui, 2ᵉ série	In-12.	Idem	3 50
Idem	Mémoires d'aujourd'hui, 3ᵉ série	In-12.	Idem	3 50
Bory (Paul)	Nos aliments	In-4°.	Mame	
Bournon (Fernand)	Paris, histoire, monuments, administration, environs.	In-8°.	Colin	7 50
Camp (Maxime Du).	La vertu en France	In-8°.	Hachette	7 00
Idem	Les convulsions de Paris. 4 vol.	In-12.	Idem	14 00
Idem	Paris, ses organes, ses fonctions et sa vie. 6 vol.	In-12.	Idem	21 00
Carnot (H.)	La Révolution française	In-12.	Alcan	3 50
Challamel (Aug.)	La France à vol d'oiseau au moyen âge	In-12.	Delagrave	1 00
Idem	Les grandes compagnies	In-8°.	Idem	2 60
Idem	Histoire de la mode en France	In-4°.	Hennuyer	16 00

NOMS DES AUTEURS.	TITRES DES OUVRAGES.	FORMAT.	ÉDITEURS.	PRIX.
				fr. c.
Champfort	OEuvres choisies	In-12.	Jouaust	3 00
Chassang et Marcou..	Les chefs-d'œuvre épiques de tous les peuples.	In-12.	Jouvet	2 25
Châteaubriand	Le génie du christianisme	In-4°.	Mame	2 40
Idem	*Idem*	In-8°.	Jouvet	
Chuquet	Le général Chanzy	In-12.	Cerf	3 50
Claveau (A.)	Contre le flot	In-12.	Ollendorf	3 50
Clayton (A.)	Amour sacré de la patrie! Épisode de la guerre de 1870-1871.	In-8°.	Picard et Kaan.	2 00
Clément (F.)	Les grands musiciens	In-8°.	Hachette	2 25
Colomb (J.)	Habitations et édifices de tous les temps et de tous les pays.	In-8°.	Hachette	2 60
Colomb (L.-C.)	Histoires d'Hérodote .... 3 vol.	In-12.	Hachette	2 10
Colomb (P.)	La Roselière. Mœurs et tribulations des habitants des eaux.	In-8°.	Ducrocq	7 00
Coninck	Enfants et animaux	In-8°.	Picard et Kaan.	1 20
Coquelin (C.)	Un poète philosophe. Sully Prudhomme	In-12.	Ollendorf	2 00
Idem	L'art et le comédien	In-12.	*Idem*	3 50
Coquelin (Les frères)	L'art de dire le monologue	In-12.	*Idem*	3 50
Corne (H.)	Le cardinal Mazarin	In-12.	Hachette	1 25
Idem	Le cardinal Richelieu	In-12.	*Idem*	1 25
Corréard	Vercingétorix	In-12.	*Idem*	0 95
Courier (P.-L.)	OEuvres .... 3 vol.	In-12.	Jouaust	9 00
Craven (Mᵐᵉ Augustus).	Récits d'une sœur. Souvenirs de famille	In-12.	Perrin	8 50
Daudet (Alphonse)..	Trente ans de Paris	In-8°.	Marpon et Flammarion	3 50
Daudet (Ernest)	Mon frère et moi	In-12.	Plon	3 50
Dary (Georges)	Tout par l'électricité	In-8°.	Mame	4 00
Debidour	Histoire de Duguesclin	In-12.	Hachette	0 70
Deberrypon	La boutique de la marchande de poissons	In-12.	Hachette	1 25
Delon (C.)	Les paysans. Histoire d'un village avant la Révolution.	In-12.	Libr. Colas	
Idem	Promenades dans les nuages	In-8°.	Hachette	1 20
Idem	La maison flottante	In-12.	Hachette	0 50
Idem	Parmentier et la pomme de terre	In-12.	*Idem*	0 50
Idem	Histoire d'un livre	In-12.	*Idem*	1 20
Deltour et Rinn	La tragédie grecque. Analyses et extraits du théâtre d'Éschyle, de Sophocle et d'Euripide.	In-8°.	Delagrave	1 80
Demoustier	Lettres à Émilie sur la mythologie .. 3 vol.	In-12.	Jouaust	9 00
Demoulin (Mᵐᵉ G.)	Le chaud et le froid	In-12.	Hachette	0 50
Idem	Les richesses minérales	In-12.	*Idem*	0 50
Idem	L'eau liquide et l'eau solide	In-12.	*Idem*	0 50
Idem	Les bêtes de mon jardin	In-12.	*Idem*	0 50
Idem	Les cinq sens	In-8°.	*Idem*	1 20
Idem	Les jouets d'enfants	In-8°.	*Idem*	1 20

NOMS DES AUTEURS.	TITRES DES OUVRAGES.	FORMAT.	ÉDITEURS.	PRIX.
				fr. c.
Demoulins (Mᵐᵉ G.).	La pluie et le beau temps	In-8°.	Hachette....	1 20
Derennes (Gustave)..	Les cœurs héroïques	In-8°.	Picard et Kaan.	3 00
Idem	Le drapeau du Canada	In-8°.	Idem	1 20
Idem	Sœur et patrie	In-8°.	Idem	1 20
Desbeaux (Émile)...	Le jardin de Mademoiselle Jeanne. Botanique du vieux jardinier.	In-4°.	Ducrocq	3 50
Deschanel (E.)	Franklin	In-12.	Hachette....	0 95
Desprez	Le maréchal Ney	In-12.	Idem	0 70
Idem	Les guerres de la Vendée	In-12.	Idem	0 70
Desprez (Adr.)	Les grandes souveraines	In-12.	Jouvet	2 25
Idem	Les grands conquérants	In-12.	Idem	2 25
Diane (Comtesse)...	Maximes de la vie	In-12.	Ollendorf....	4 00
Dillaye (F.)	Lignes et filets	In-12.	Hachette....	0 50
Doudan (X.)	Lettres .... 4 vol.	In-12.	C. Lévy	3 50
Duchateau (Mᵐᵉ P.).	Souvenirs d'un petit alsacien	In-8°.	Delagrave...	3 90
Ducros (Francisque).	Choix de mots célèbres de l'histoire	In-12.	P. Dupont...	2 00
Duruy (Georg.)	Histoire de Turenne	In-12.	Hachette....	0 95
Idem	Pour la France	In-12.	Idem	0 95
Idem	Biographies d'hommes célèbres	In-12.	Idem	1 00
Cussieux	Le siège de Belfort	In-12.	Cerf	1 00
Duval (J.)	Notre pays	In-12.	Hachette....	1 25
Engelhardt	Souvenirs d'Alsace	In-12.	Berger-Levrault.	3 00
Ernouf	Les inventeurs célèbres	In-12.	Hachette....	1 25
Idem	Histoire de quatre inventeurs français	In-12.	Idem	1 25
Idem	Histoire de trois ouvriers français	In-12.	Idem	1 25
Idem	Les inventeurs du gaz et de la photographie.	In-12.	Idem	1 25
Fabre (J.)	Jeanne d'Arc, libératrice de la France.	In-12.	Delagrave...	3 50
Fabre (J.-H.)	Histoire de la Bûche	In-8°.	Garnier	7 50
Fabre (Joseph)	Les libérateurs ou l'héroïsme civique en action.	In-12.	Delagrave...	3 50
Feilhet	Histoire du gentil seigneur de Bayard	In-12.	Hachette....	2 25
Fénelon	Éducation des filles. Édition Gréard	In-12.	Jouaust	3 00
Idem	Fables	In-12.	Idem	3 50
Figuier (L.)	Scènes et tableaux de la nature	In-8°.	Hachette ...	1 20
Flammarion (Camille)	Dans le ciel et sur la terre	In-12.	Marpon	5 00
Idem	Récits de l'infini	In-12.	Idem	3 50
Focillon (Ad.)	Le spectacle du ciel	In-8°.	Mame	1 20
Font-Réaulx (De)...	Riquet et le canal des Deux-Mers	In-8°.	Delagrave...	1 15
Idem	Carnot, l'organisateur de la victoire	In-8°.	Idem	1 80
Fonvielle (W. de)...	Histoire de la lune	In-12.	Jouvet	2 25
François (H.)	Scènes de la Révolution française	In-8°.	Delagrave...	2 60
Franklin (Benj.)...	Mémoires. (Trad. Laboulaye)	In-12.	Hachette....	3 50
Idem	Correspondance ....3 vol.	In-12.	Idem	3 75
Idem	Essais de morale et d'économie politique....	In-12.	Idem	1 25
Garnier (Françis)...	Le siège de Paris. Journal d'un officier de marine.	In-12.	Delagrave...	1 00

NOMS DES AUTEURS.	TITRES DES OUVRAGES.	FORMAT.	ÉDITEURS.	PRIX.
				fr. c.
Gasquet (Am.)	Colbert	In-12.	Picard et Kaan.	0 40
Idem	Henri IV	In-12.	Idem	0 40
Genevray (A.)	La fin de l'esclavage	In-8°.	Delagrave	1 15
Idem	Les deux frères de Witt	In-8°.	Idem	1 15
Idem	La chute d'une dynastie. Le dernier Stuart.	In-12.	Idem	1 15
Girardin	Chacun son idée	In-8°.	Hachette	0 95
Idem	Un peu partout	In-12.	Idem	0 70
Giron	Histoire d'une ferme	In-8°.	Idem	1 20
Gœpp	Les grands hommes de la France (hommes de guerre) 10 vol.	In-12.	Ducrocq	30 00
Gordon	Journal du général Gordon. Siège de Khartoum.	In-8°.	Didot	8 00
Gournerie (E. de la).	Histoire de Paris	In-4°.	Mame	5 00
Guérin (Eugénie de).	Journal et fragments	In-12.	Perrin	3 50
Guillaume (Edm.)	Histoire de l'art et de l'ornement	In-8°.	Delagrave	3 00
Guillemin	La lumière et les couleurs	In-12.	Hachette	1 25
Idem	Le son	In-12.	Idem	1 25
Idem	La lune	In-12.	Idem	1 25
Idem	Le soleil	In-12.	Idem	1 25
Idem	Les étoiles	In-12.	Idem	1 25
Idem	Les nébuleuses	In-12.	Idem	1 25
Guizot	Édouard III et les bourgeois de Calais	In-12.	Idem	1 25
Gros (Jules)	Le royaume des bêtes	In-8°.	Picard et Kaan.	2 50
Grosjean (Georges)	La Révolution française	In-4°.	Idem	10 00
Guyard de Berville	Histoire de Bertrand Duguesclin	In-8°.	Mame	1 30
Halévy (Ludovic)	L'invasion	In-12.	C. Lévy	3 50
Hauréau	Charlemagne et sa cour	In-12.	Hachette	1 25
Henrion (Vict.)	Histoire populaire de la Lorraine dédiée à la France.	In-12.	P. Dupont	1 25
D'Héricault et Moland.	Vercingétorix. — Duguesclin. — Récits historiques.	In-12.	Garnier	2 50
Idem	Henri IV. — République	In-12.	Idem	2 50
Idem	Rivoli. — Solférino	In-12.	Idem	2 50
Idem	Jeanne d'Arc. — François Iᵉʳ	In-12.	Idem	2 50
Hérisson (Comte d').	Journal d'un officier d'ordonnance (juillet 1870-février 1871).	In-12.	Ollendorf	3 50
Heylly (Georges d').	La comédie française à Londres (1871-1879).	In-12.	Ollendorf	3 00
Houdin (Rob.)	Magie et physique amusante	In-12.	Lévy	3 50
Hugot (Eug.)	Histoire littéraire, critique et anecdotique du théâtre du Palais-Royal (1784-1884)	In-12.	Idem	3 50
Jacob (Le bibliophile).	Madame de Krudener, ses lettres et ses ouvrages inédits.	In-12.	Idem	3 50
Jacobs (Alfr.)	Les capitales anciennes	In-12.	Dupont	2 00
Janzé (Alix de)	Les financiers d'autrefois. Fermiers généraux.	In-8°.	Ollendorf	7 50
Joinville	Histoire de saint Louis (éd. Nathalis de Wailly)	In-12.	Hachette	1 25

NOMS DES AUTEURS.	TITRES DES OUVRAGES.	FORMAT.	ÉDITEURS.	PRIX.
				fr. c.
Jonveaux	Histoire de quatre ouvriers anglais	In-12.	Hachette	1 16
Idem	Histoire de trois potiers célèbres	In-12.	Idem	1 25
Kératry (De)	A travers le passé. Souvenirs militaires	In-12.	Ollendorf	3 50
Kleine (Émile)	Les richesses de la France	In-12.	Ducrocq	3 50
Idem	Les richesses du monde	In-12.	Idem	3 50
Lacroix (Désiré)	Histoire anecdotique du drapeau français	In-12.	Guillot	2 50
Lair (Alph.)	L'héroïsme français	In-12.	Jouvet	2 25
Lamartine (A. de)	Les hommes de la Révolution	In-12.	Marpon	3 50
Lambert (Mᵐᵉ de)	OEuvres morales	In-12.	Jouaust	7 50
Leblanc (E.)	Les aliments	In-8°.	Delagrave	5 00
Lefebvre (E.)	Un morceau de sucre	In-8°.	Hachette	1 20
Idem	A la recherche de la pierre philosophale	In-12.	Idem	0 50
Lefrançais (J. D.)	Lectures patriotiques sur l'Histoire de France	In-12.	Delagrave	1 00
Legouvé (Ernest)	Lectures à l'Académie	in-12.	Lévy	3 50
Idem	Nos filles et nos fils	In-12.	Hetzel	3 00
Idem	Les pères et les enfants. 2 vol.	In-12.	Idem	6 00
Idem	Soixante ans de souvenirs. 2 vol.	In-8°.	Idem	15 00
Idem	L'art de la lecture	In-12.	Idem	3 00
Idem	La lecture en action	In-12.	Idem	3 00
Legoux (Jules)	Pro patria!	In-12.	P. Dupont	2 00
Lesage (Auguste)	Nos frontières perdues	In-12.	Jouvet	2 25
Lesbazeilles	Tableaux et scènes de la vie des animaux	In-8°.	Hachette	1 20
Leser (Ch.)	Le soldat	In-8°.	Quantin	7 50
Lock (Frédéric) et J. Couly.	Les prix de vertu fondés par M. de Montyon. 8 vol.	In-12.	Delagrave	11 25
Lonlay (Dick de)	Les marins français	In-8°.	Garnier	3 50
Lorédan Larchey	Les cahiers du capitaine Coignet	In-4°.	Hachette	30 00
Le loyal serviteur	Histoire du gentil seigneur de Bayart. 2 vol.	In-12.	Idem	5 00
Maistre (Xavier de)	OEuvres complètes	In-12.	Idem	2 50
Idem	Voyage autour de ma chambre	In-12.	Jouaust	2 50
Manesse (L.)	Les paysans et leurs seigneurs avant 1789	In-12.	Jouvet	2 25
Mangin (Arthur)	Les plantes utiles	In-4°.	Mame	3 00
Marmier (X.)	En Alsace	In-12.	Hachette	3 80
Martel (L.)	Petit recueil de proverbes français	In-12.	Garnier	3 00
Martin (Alex.)	Faïences et porcelaines	In-8°.	Hennuyer	3 50
Martin (Henri)	Jeanne Darc	In-12.	Jouvet	2 25
Matrat (Paul)	Les conseils du père Vincent ou les bienfaits de l'épargne.	In-8°.	Mame	0 50
Matthis (E.)	Les héros de l'avenir	In-8°.	Jouvet	2 00
Ménard (René)	Histoire des beaux-arts	In-12.	Delagrave	6 00
Menault	Suger	In-8°.	Hachette	0 70
Meunier (Mᵐᵉ H.)	Le docteur au village. 1 vol.	In-12.	Idem	2 50
Meunier (Mᵐᵉ Sl.)	Le monde animal	In-8°.	Idem	1 20
Idem	Le monde végétal	In-8°.	Idem	1 20
Idem	Le monde minéral	In-8°.	Idem	1 20

NOMS DES AUTEURS.	TITRES DES OUVRAGES.	FORMAT.	ÉDITEURS.	PRIX.
				fr. c.
Michelet (J.).......	Légendes démocratiques du Nord. Pologne et Russie. Les martyrs de la Russie. Principautés danubiennes. Madame Rosetti.	In-12.	Lévy.......	3 50
Idem.............	L'insecte..........................	In-12.	Hachette....	3 50
Idem.....*........	L'oiseau...........................	In-12.	Idem.......	3 50
Idem.............	La mer............................	In-12.	Lévy.......	3 50
Idem.............	La montagne.......................	In-12.	Hachette....	3 50
Idem.............	Ma jeunesse.......................	In-12.	Lévy.......	3 50
Idem.............	Les grandes journées de la Révolution La prise de la Bastille et la fête des fédérations.	In-8°.	Hetzel......	1 50
Idem.............	Extraits historiques choisis et annotés par Seignobos.	In-8°.	A. Colin....	3 00
Michelet (Mᵐᵉ).....	Mémoires d'une enfant.................	In-12.	Hachette....	1 25
Moireau..........	La marine française sous Louis XVI......	In-12.	Idem.......	1 20
Molènes (P. de)....	Les commentaires d'un soldat...........	In-12.	Jouaust.....	4 00
Idem.............	Voyages et pensées militaires...........	In-12.	Idem.......	4 00
Montesquieu........	OEuvres choisies.....................	In-8°.	Ducrocq.....	3 50
Motteville (Mᵐᵉ de).	Mémoires sur Anne d'Autriche et sa cour...	In-12.	Charpentier..	14 00
Moulin (Martial)....	En campagne (1870-1871)..............	In-12.	Hachette....	1 00
Muller............	La boutique du marchand de nouveautés....	In-12.	Idem.......	1 25
Idem..............	La machine à vapeur..................	In-12.	Idem.......	1 25
Idem.............	Les apôtres de l'agriculture.............	In-8°.	Idem.......	1 20
Mussot (Mᵐᵉ).......	Autrefois et aujourd'hui..............	In-8°.	Idem.......	1 20
Nelly-Lieutier (Mᵐᵉ).	Visites à grand'mère..................	In-8°.	Picard......	3 00
Idem.............	Conseils aux jeunes filles et aux jeunes femmes sur la vie domestique.	In-8°.	Idem.......	2 00
Neukomm (Edmond).	Coutumes du bon vieux temps...........	In-8°.	Picard et Kaan.	3 00
Idem.............	Les étapes d'un bataillon scolaire.........	In-8°.	Delagrave...	1 15
Nisard (Charles)....	Un valet ministre et secrétaire d'État. Guillaume du Tillot.	In-12.	Ollendorf....	3 50
Normand (René)....	Lettres du Tonkin (novembre 1884 à mars 1885).	In-12.	Idem.......	2 00
OExmelin (A. O.)...	Histoire des flibustiers aventuriers américains au xvii° siècle.	In-12.	Delagrave...	1 00
Ordinaire..........	Dictionnaire de la mythologie...........	In-12.	Hetzel......	3 00
Piazzi (A.).........	Daumesnil...........................	In-8°.	Picard et Kaan.	0 80
Pinet (Mᵐᵉ) et Drohojowska (Comtesse).	Les vertus du peuple glorifiées par l'Académie française.	In-12.	Ducrocq.....	1 20
Pizzetta...........	Le feu et l'eau......................	In-12.	Heunuyer...	3 50
Idem.............	Plantes et bêtes.....................	In-4°.	Idem.......	14 00
Porchat (J.).......	La vie et la mort de Jeanne d'Arc.........	In-8°.	Delagrave...	1 15
Idem.............	La vie de saint Louis..................	In-8°.	Idem.......	1 15
Poschinger (H. de)..	Lettres politiques confidentielles de M. de Bismark (1851-1858). Traduction française par Lang.	In-12.	Ollendorf....	3 50
Quesnoy (D.)......	L'armée d'Afrique....................	In-12.	Jouvet......	2 25

NOMS DES AUTEURS.	TITRES DES OUVRAGES.	FORMAT.	ÉDITEURS.	PRIX.
				fr. c.
Quinet (Edgard)....	La Révolution.................... 3 vol.	In-12.	Alcan........	10 50
Idem.............	Correspondance. Lettres à sa mère .. 2 vol.	In-12.	Idem........	7 00
Idem.............	Histoire de la campagne de 1815.........	In-12.	Idem........	3 50
Idem.............	L'histoire de mes idées...............	In-12.	Idem....•...	3 50
Idem.............	Lettres d'exil.................... 3 vol.	In-12.	Lévy........	10 50
Bassat............	La très joyeuse histoire des prouesses du bon chevalier Bayard.....................	In-8°.	Delagrave...	1 80
Reclus (E.)........	Histoire d'un ruisseau.................	In-12.	Hetzel.......	3 00
Idem.............	Histoire d'une montagne................	In-12.	Idem........	3 00
Régnier (P.).......	Souvenirs et études de théâtre...........	In-8°.	Ollendorf....	3 50
Renan.............	Souvenirs d'enfance et de jeunesse........	In-12.	Lévy........	3 50
Renouard, de Gerando, Cuvier, etc........	Les bienfaiteurs de l'humanité...........	In-12.	Ducrocq	3 00
Retz (Le cardinal de).	Mémoires. Édition abrégée et annotée par Alph. Feillet.	In-12.	Hachette....	2 25
Reymond (Wil.)....	Histoire de l'art....................	In-12.	Delagrave...	2 60
Reynaud (Jean)....	Œuvres choisies.....................	In-8°.	Jouvet......	6 00
Idem.............	Lectures variées....................	In-8°.	Idem........	6 00
Rivarol...........	Œuvres choisies.....................	In-8°.	Jouaust.....	3 00
Roland (Mᵐᵉ)......	Mémoires....................... 2 vol.	In-12.	Idem........	18 00
Rouxel, Mossmann et Larchey.	Les grands hommes de la France industrielle.	In-12.	Ducrocq.....	3 00
Rozan (Ch.).......	La bonté.........................	In-12.	Idem........	3 50
Idem.............	Les petites ignorances de la conversation....	In-12.	Idem........	3 50
Sainte-Beuve........	Portraits littéraires............... 4 vol.	In-12.	Garnier.....	14 00
Idem.............	Causeries du lundi............... 16 vol.	In-12.	Idem........	53 00
Idem.............	Originaux et beaux esprits.............	In-8°.	Idem.......	3 50
Idem.............	Galerie des femmes célèbres............	In-8°.	Idem.......	20 00
Idem.............	Nouvelle galerie de femmes célèbres.......	In-8°.	Idem.......	20 00
Saint-Marc Girardin.	Cours de littérature dramatique..... 2 vol.	In-12.	Charpentier..	7 00
Saint-Simon........	Extraits de ses mémoires par MM. Le Goffic et Tellier.	In-8°.	Delagrave...	1 80
Idem.............	Scènes et portraits............... 2 vol.	In-12.	Hachette....	7 00
Samson (Mᵐᵉ J.)....	La vie d'une femme du monde...........	In-12.	Hennuyer...	3 50
Idem.............	Une éducation dans la famille...........	In-12.	Idem........	3 50
Sarcey (Fr.).......	Le mot et la chose....................	In-12.	Ollendorf....	3 50
Idem.............	Gare à vos yeux! sages conseils donnés par un myope à ses confrères.	In-12.	Idem........	2 00
Idem.............	Souvenirs de jeunesse.................	In-12.	Lévy........	3 50
Sepet (Marius).....	Jeanne d'Arc......................	In-4°.	Mame........	2 40
Sévigné (Mᵐᵉ de)...	Lettres...........................	In-8°.	Jouvet......	6 00
Simon (Jules)......	Dieu, patrie, liberté.................	In-12.	Lévy........	3 50
Idem.............	Le petit citoyen.....................	In-12.	Hachette....	1 00
Idem.............	Le devoir.........................	In-12.	Idem........	3 50
Idem.............	Victor Cousin......................	In-16.	Idem........	2 00
Taine.............	La Fontaine et ses fables..............	In-12.	Idem........	3 50
Idem.............	Notes sur l'Angleterre.................	In-12.	Idem........	3 50

NOMS DES AUTEURS.	TITRES DES OUVRAGES.	FORMAT.	ÉDITEURS.	PRIX.
				fr. c.
Taine	Histoire de la littérature anglaise.... 5 vol.	In-12.	Hachette....	17 50
Tessier (Jules)	Étienne Marcel	In-8°.	Picard et Kaan.	3 oo
Théry (Edmond)....	Sous l'uniforme	In-12.	Lévy	3 5o
Thierry (Aug.)	Récits des temps mérovingiens	In-4°.	Delagrave...	1 80
Tissot (V) et L. Collas.	Chefs-d'œuvre des prosateurs français au xixᵉ siècle.	In-12.	Idem	5 oo
Tolstoï (L.)	Souvenirs, traduits par Arvède Barine	In-12.	Hachette	3 oo
Vallady (Matias)....	France et Allemagne. Les deux races	In-12.	Ollendorf....	3 5o
Vallery-Radot	Journal d'un volontaire d'un an	In-8°.	Hetzel	4 5o
Voltaire	Siècle de Louis XIV	In-8°.	Jouvet	6 oo
Idem	Charles XII	In-12.	Garnier	3 5o
Waddeville (De)	Le monde et ses usages	In-8°.	Hennuyer...	3 5o
Wallon (H.)	Jeanne d'Arc 2 vol.	In-12.	Hachette....	7 oo
Idem	Jeanne d'Arc (édit. abrégée)	In-12.	Idem	1 oo
Wimpfen (De)	La bataille de Sedan. Les véritables coupables.	In-12.	Ollendorf....	3 5o
X	Les deux petits assiégés (épisode du siège de Paris).	In-8°.	Picard et Kaan.	o 8o
	Le magasin pittoresque 56 vol.	In-4°.	Lib. du Magasin pittor..	7 5o
	Mon journal 7 vol.	In-4°.	Hachette	2 oo
	Le musée des familles 6o vol.	In-4°.	Delagrave....	7 5o
	Saint Nicolas 9 vol.	In-8°.	Idem	18 oo
Recueils périodiques.	La Revue bleue	In-4°.	Bureaux des Revues.	25 oo par an
	La Revue scientifique	In-4°.		25 oo par an
	La nature	In-4°.	Masson	20 oo par an
	Le magasin d'éducation et de récréation....	In-8°.	Hetzel	14 oo par an
	Le journal de la jeunesse	In-4°.	Hachette....	12 oo par an

IIIᵉ SECTION. — POÉSIE.

NOMS DES AUTEURS.	TITRES DES OUVRAGES.	FORMAT.	ÉDITEURS.	PRIX.
				fr. c.
Aicard (Jean)	Miette et Noré	In-12.	Ollendorf	3 50
Idem	Le livre des petits	*Idem.*	Delagrave	1 25
Idem.	Poèmes de Provence	In-12.	Lemerre	3 00
Béranger	Le Béranger des familles	In-12.	Garnier	3 00
Boileau	Œuvres	In-8°.	Jouvet	5 00
Brizeux (Auguste)	Marie (poème)	In-12.	Lemerre	5 00
Carcassonne (A.)	Pièces à dire	In-12.	Ollendorf	3 50
Chauvigny (De)	Sac au dos, poésie	In-12.	*Idem*	3 50
Chénier (André)	Œuvres poétiques (Édit. Manuel)	In-12.	Jouaust	3 00
Coppée (François)	Bleuette. Conte de fées en vers	In-4°.	Lemerre	5 00
Idem	Poèmes et récits	In-8°.	*Idem*	9 00
Delair (P.)	Les contes d'à présent	In-12.	Ollendorf	3 50
Déroulède	Les chants de soldat illustrés	In-8°.	Lévy	10 00
Desbordes-Valmore (Mᵐᵉ).	Les poésies de l'enfance 2 vol.	In-12.	Garnier	5 00
Dupuy (Ém.)	Les parques	In-8°.	Jouvet	2 00
Gauthier (Léon)	La chanson de Roland, édition populaire	In-8°.	Mame	1 20
Gresset	Vert-Vert	In-12.	Librairie et bibliophiles.	2 00
Hugo (Victor)	Odes et ballades	In-8°.	Hetzel et Quantin	5 00
Idem	Les Orientales, les feuilles d'automne	In-8°.	*Idem*	7 50
Idem	Les chants du crépuscule, les voix intérieures, les rayons et les ombres	In 8°.	*Idem*	7 50
Idem	La légende des siècles	In-8°.	*Idem*	30 00
Idem	Chansons des rues et des bois	In-8°.	*Idem*	7 50
Idem	Légende des siècles 4 vol.	In-8°.	*Idem*	30 00
Idem	Contemplations 2 vol.	In-8°.	*Idem*	15 00
Idem	Les châtiments	In-8°.	*Idem*	7 50
Idem	L'art d'être grand-père	In-8°.	*Idem*	7 50
Idem	L'année terrible	In-8°.	*Idem*	7 50
Idem	Les enfants. Le livre des mères	In-8°.	*Idem*	7 00
Lafenestre (Georges).	Idylles et chansons	In-12.	Ollendorf	3 50
La Fontaine	Fables	In-8°.	Jouvet	6 00
Lamartine	Méditations poétiques	In-12.	Hachette et Jouvet	3 50
Idem	Nouvelles méditations poétiques	In-12.	*Idem*	3 50
Idem	Harmonies	In-12.	*Idem*	3 50
Idem	Recueillements poétiques	In-12.	*Idem*	3 50
Idem	Jocelyn	In-12.	*Idem*	3 50
Idem	La chute d'un ange	In-12.	*Idem*	3 50
Idem	Extraits par M. Robertet	In-12.	*Idem*	3 00
Laprade (V. de)	Pernette (poème). Le livre d'un père	In-12.	Lemerre	6 00

NOMS DES AUTEURS.	TITRES DES OUVRAGES.	FORMAT.	ÉDITEURS.	PRIX.
				fr. c.
Leconte de Lisle	Poèmes barbares	In-8°.	Lemerre	7 50
Idem	Poèmes antiques	In-8°.	Idem	7 50
Manuel (E)	Pages intimes	In-18.	Lévy	3 50
Idem	Pendant la guerre	In-12.	Idem	3 50
Idem	Poèmes populaires	In-12.	Idem	3 50
Musset (Alfred de)	Extraits	In-12.	Charpentier	3 50
Pailleron	La poupée, conte en vers	In-12.	C. Lévy	1 00
Ratisbonne (L.)	La comédie enfantine	In-12.	Delagrave	3 75
Idem	Les petites femmes	In-4°.	Idem	1 25
Idem	Les petits hommes	In-4°.	Idem	1 25
Ronsard	Poésies choisies (Édit. Becq de Fouquière).	In-12.	Charpentier	3 50
Ségard (Ch.)	Bébés et papas, trente poèmes enfantins	In-4°.	Delagrave	1 90
Sully-Prudhomme	Poésies 5 vol.	In-12.	Lemerre	30 00
Theuriet (André)	Poésies	In-12.	Idem	6 00
Idem	Les paysans de l'Argonne	In-12.	Idem	0 50
Idem	Le legs d'une Lorraine	In-12.	Idem	c 50
Tissot (V.)	Les poètes du foyer	In-8°.	Delagrave	2 60
Vigny (Alf. de)	Poésies	In-12.	Lévy	3 50
Divers	Anthologie des poètes français du xixᵉ siècle. 3 vol.	In-8°.	Lemerre	18 00

NOMS DES AUTEURS.	TITRES DES OUVRAGES.	FORMAT.	ÉDITEURS.	PRIX.
				fr. c.

IVᶜ SECTION. — ROMANS.

Français.

NOMS DES AUTEURS.	TITRES DES OUVRAGES.	FORMAT.	ÉDITEURS.	PRIX.
About (Edmond)....	L'homme à l'oreille cassée...............	In-12.	Hachette....	2 00
Idem.............	Le roman d'un brave homme............	In-12.	*Idem*........	3 50
Idem.............	Tolla......................	In-12.	*Idem*........	2 00
Idem.............	Le roi des montagnes..................	In-12.	*Idem*........	2 00
Idem.............	Alsace......................	In-12.	*Idem*........	3 50
Idem.............	Maître Pierre...................	In-12.	*Idem*........	2 00
Idem.............	Les mariages de Paris..............	In-12.	*Idem*........	2 00
Idem.............	Les mariages de province............	In-12.	*Idem*.	3 50
Idem.............	Le turco, etc................	In-12.	*Idem*........	3 50
Aimard (Gustave)...	La Castille d'or................	In-12.	Den'u......	3 00
Idem.............	Le chercheur de pistes.............	In-12.	*Idem*........	3 00
Idem.............	Le cœur de pierre..............	In-12.	*Idem*........	3 00
Idem.............	Le cœur loyal	In-12.	*Idem*........	3 00
Idem.............	Le grand chef des Ancas.............	In-12.	*Idem*........	3 00
Idem.............	La loi de Lynch	In-12.	*Idem*........	3 00
Idem.............	Les trappeurs de l'Arkansas............	In-12.	*Idem*........	3 00
Idem.............	La main ferme..................	In-12.	*Idem*........	3 00
Allard (Léon)......	Les vies muettes................	In-12.	Ollendorff...	3 50
Anceaux (J.).......	Vie et aventures de Trompette..........	In-8°.	Delagrave. ..	2 25
Arène (Paul).......	Contes de Paris et de Provence...........	In-8°.	Lemerre	9 00
Assolant (Alfred)....	Montluc le Rouge............... 2 vol.	In-8°.	Hachette....	8 00
Idem.............	Les aventures merveilleuses, mais authentiques du capitaine Corcoran. 1 vol.	In-12.	*Idem*........	4 50
Idem.............	Pendragon	In-8°.	*Idem*........	4 00
Idem.............	Histoire du célèbre Pierrot...........	In-8°.	Jouvet......	10 00
Idem.............	Récits de la vieille France. François Búchamor.	In-12.	Delagrave ...	3 50
Balleygnier (Mᵐᵉ)...	Les Rogimbole	In-12.	Quantin.....	2 25
Balzac (H. de)	Eugénie Grandet................	In-12.	C. Lévy	1 25
Idem.............	Ursule Mirouet..................	In-12.	*Idem*.......	1 25
Idem.............	César Birotteau..................	In-12.	*Idem*........	1 25
Idem.............	Le colonel Chabert...............	In-12.	*Idem*........	1 25
Idem.............	Une ténébreuse affaire	In-12.	*Idem*........	1 25
Idem.............	Le curé de Tours	In-12.	*Idem*........	1 25
Idem.............	La recherche de l'absolu..............	In-12.	Lévy.......	1 00
Beaulieu (M. de)....	Le Robinson de 12 ans...............	In-12.	Ducrocq	1 25
Beaumont (A.).....	Le legs du cousin Drah	In-12.	Hennuyer...	3 50
Belloc (Mᵐᵉ L. Sw.).	Contes pour le premier âge.............	In-12.	Garnier.....	2 50
Idem.............	Derniers récits	In-8°.	*Idem*........	3 50
Idem.............	Les leçons d'une mère. Contes et récits	In-8°.	*Idem*........	3 50

NOMS DES AUTEURS.	TITRES DES OUVRAGES.	FORMAT.	ÉDITEURS.	PRIX.
				fr. c.
Belloc (Mᵐᵉ L. Sw.).	Lectures enfantines......................	In-12.	Garnier.....	2 5o
Idem............	La tirelire aux histoires .... 2 vol.	In-12.	*Idem*........	5 oo
Idem............	Contes familiers.......................	In-12.	*Idem*........	3 oo
Idem............	Histoires et contes de la grand'mère.......	In-12.	*Idem*.....	2 5o
Bentzon (Th.)......	Récits de tous les pays........... 2 vol.	In-12.	C. Lévy.....	3 5o
Idem............	Yette, histoire d'une jeune créole.........	In-12.	Hetzel......	3 oo
Idem............	Pierre Casse-cou......................	In-12.	*Idem*........	3 oo
Bernardin de Saint-Pierre.	Paul et Virginie......................	In-12.	Mame	o 8o
Idem............	Paul et Virginie......................	In-12.	Garnier.....	2 5o
Idem............	La Chaumière indienne.................	In-12.	Jouaust.....	3 oo
Berquin	L'ami des enfants.....................	In-12.	Garnier.....	2 5o
Idem............	Sandford et Merton...................	In-12.	*Idem*........	2 5o
Idem............	Le petit Grandisson	In-12.	*Idem*........	2 5o
Berthet (Élie)	L'enfant des bois......................	In-12.	Hachette	2 25
Idem............	Les petits écoliers dans les cinq parties du monde.	In-8°.	Jouvet......	7 oo
Idem............	Les petites écolières dans les cinq parties du monde.	In-8°.	*Idem*........	7 oo
Idem............	Les houilleurs de Polignies.............	In-12.	Hachette....	1 25
Idem............	L'expérience de grand-papa.............	In-4°.	Jouvet......	5 oo
Biart (Lucien)......	Monsieur Pinson......................	In-12.	Hetzel......	3 oo
Idem............	Quand j'étais petit....................	In-12.	Plon	3 5o
Idem............	Le Roi des Prairies....................	In-12.	Hennuyer ...	3 5o
Idem............	Le fleuve d'or.......................	In-12.	*Idem*........	3 5o
Idem............	Le Pensativo........................	In-12.	*Idem*........	3 5o
Idem............	Jeanne de Maurice....................	In-12.	*Idem*........	3 5o
Bigot (Mᵐᵉ Ch.)....	La tâche du petit Pierre	In-4°.	Jouvet......	5 oo
Blandy (Mᵐᵉ S.)....	La Benjamine.......................	In-12.	Didot.......	2 5o
Bombonnel........	Le tueur de panthères	In-12.	Hachette....	2 oo
Bory (Paul)........	Le roi des métaux....................	In-8°.	Mame	o 85
Bouilly (J.-N.).....	Contes offerts aux enfants de France. Les jeunes élèves.	In-12.	Garnier.....	2 5o
Idem............	Les encouragements de la jeunesse	In-12.	*Idem*........	2 5o
Idem............	Contes populaires.....................	In-12.	*Idem*........	2 5o
Idem............	Causeries et nouvelles causeries...........	In-12.	*Idem*........	2 5o
Idem............	Contes à ma fille.....................	In-12.	*Idem*........	2 5o
Idem............	Conseils à ma fille...................	In-12.	*Idem*........	2 5o
Idem............	Contes à mes petites amies.............	In-12.	*Idem*........	2 5o
Bourde (Paul).....	La fin du vieux temps.................	In-12.	C. Lévy.....	3 5o
Bréhat	Les aventures de Charlot..............	In-12.	Hetzel......	3 oo
Idem...........	Les aventures d'un petit Parisien	In-12.	*Idem*........	3 oo
Calemard de la Fayette (Ch.).	Peau de Bique ou la prime d'honneur	In-12.	Hachette....	1 25
Carla-Maria........	Une idylle au Cachemire................	In-8°.	Picard et Kaan	3 oo
Carraud (Mᵐᵉ Z.)...	Une servante d'autrefois...............	In-12.	Hachette....	1 25
Carrey (Émile).....	Les aventures de Robin Jouet	In-8°.	Mame	4 oo

NOMS DES AUTEURS.	TITRES DES OUVRAGES.	FORMAT.	ÉDITEURS.	PRIX.
				fr. c.
Cassot (C.)	Le chant de l'alouette	In-12.	Marpon	3 50
Cazin (Mᵐᵉ Jeanne)	Histoire d'un pauvre petit	In-12.	Hachette	1 25
Célières (Paul)	Le chef-d'œuvre de papa Schmeltz	In-12.	Hennuyer	3 50
Idem	Contez-nous cela	In-12.	Idem	3 50
Idem	Quand il pleut	In-12.	Idem	3 50
Idem	Une exilée	In-12.	Idem	3 50
Idem	Les mémorables aventures du docteur J.-B. Quiès.	In-4°.	Idem	12 00
Idem	Les grandes vertus	In-12.	Idem	3 50
Idem	Le roman d'une mère	In-12.	Idem	3 50
Idem	Les deux idoles	In-12.	Idem	3 50
Idem	Une heure à lire	In-12.	Idem	3 50
Champfleury	Le violon de faïence	In-12.	Dentu	1 25
Charton (Ed.)	Histoire de trois pauvres enfants	In-12.	Hachette	2 40
Châteaubriand	Les martyrs	In-8°.	Mame	3 50
Chazel (Prosper)	Histoire d'un forestier	In-8°.	Hennuyer	3 50
Cherbuliez (V.)	Le comte Kostia	In-12.	Hachette	3 50
Idem	L'aventure de Ladislas Bolstic	In-12.	Idem	3 50
Idem	Meta Holdenis	In-12.	Idem	3 50
Idem	Paul Méré	In-12.	Idem	3 00
Cherville (De)	Histoire d'un trop bon chien	In-12.	Hetzel	1 50
Idem	Contes d'un coureur des bois	In-12.	Marpon	4 00
Chrétien (Ch.)	Le fiancé de Marie. Histoire d'un remplaçant.	In-12.	Ollendorff	3 50
Claramond (F. de)	Le neveu de Sadi	In-8°.	Hennuyer	2 25
Colomb (Mᵐᵉ)	Le bonheur de Françoise	In-8°.	Hachette	4 00
Idem	La fille de Carilès	In-8°.	Idem	4 00
Combes (P.)	La montagne bleue	In-12.	Ducrocq	5 00
Coninck (W. de)	Enfants et animaux	In-12.	Picard et Kaan	1 20
Conscience (Henri)	Le gentilhomme pauvre	In-12.	C. Lévy	1 00
Idem	Veillées flamandes	In-12.	Idem	1 00
Coppée	Contes et récits en prose .... 2 vol. Chaque volume se vend séparément.	In-12.	Lemerre	3 50
Cottin (Mᵐᵉ)	Les exilés de Sibérie	In-12.	Téqui	2 00
Daudet (Alphonse)	Contes du lundi	In-12.	Charpentier	3 50
Idem	Lettres de mon moulin	In-12.	Hetzel	3 50
Idem	Aventures prodigieuses de Tartarin de Tarascon.	In-12.	Marpon	3 50
Idem	Tartarin sur les Alpes	In-12.	Idem	3 50
Idem	Histoire d'un enfant	In-8°.	Hetzel	7 00
Idem	Contes choisis	In-12.	Charpentier	4 00
Idem	La belle Nivernaise	In-8°.	Marpon et Flammar.	10 00
Delpit (Alb.)	Disparu	In-12.	Ollendorf	3 50
Demoulin (Mᵐᵉ G.)	Le roman d'un apprenti	In-8°.	Didot	3 00
Idem	Le rancho de Frank	In-8°.	Hachette	0 95
Desbeaux (Em.)	Le jardin de Mˡˡᵉ Jeanne	In-4°.	Ducrocq	7 00

NOMS DES AUTEURS.	TITRES DES OUVRAGES.	FORMAT.	ÉDITEURS.	PRIX.
				fr. c.
Desbeaux (Em.)	Les découvertes de M. Jean. La terre et la mer.	In-18.	Ducrocq	3 50
Idem.............	Les projets de Mˡˡᵉ Marcelle et les étonnements de M. Robert.	In-8ⁿ.	Idem........	7 00
Idem.............	L'aventure de Paul Solange.............	In-4°.	Idem........	7 00
Idem.............	Le secret de Mˡˡᵉ Marthe...............	In-4°.	Idem........	7 00
Idem.............	Les pourquoi de Mˡˡᵉ Suzanne...........	In-4°.	Idem........	7 00
Idem.............	Les parce que de Mˡˡᵉ Suzanne..........	In-4°.	Idem........	7 00
Idem.............	Les trois petits mousquetaires	In-8°.	Delagrave...	5 00
Desbordes - Valmore (Mᵐᵉ).	Contes et scènes de la vie de famille	In-12.	Garnier.....	2 50
Desbruyères (A.-C.).	Serpolet. Histoire d'un lapin............	In-8°.	Picard et Kaan	1 80
Deslys (Ch.).......	L'ami du village	In-12.	Dentu......	3 00
Idem.............	Les récits de la grève.................	In-8°.	Delagrave...	2 60
Idem.............	Le serment de Madeleine...............	In-12.	Dentu......	3 00
Des Moulins (Mᵐᵉ M.-S.).	Récits d'une Lorraine. Nouvelles patriotiques.	In-8°.	Kéra	3 00
Desnoyers (Louis)...	Les aventures de Jean-Paul Choppart......	In-8°.	Hetzel......	6 00
Idem.............	Les aventures de Robert-Robert et de son fidèle compagnon Toussaint Lavenette.	In-8°.	Garnier.....	10 00
Drouet	Sur terre et sur mer.................	In-12.	Hachette....	2 00
Dumas (Alexandre)..	Cécile................................	In-12.	C. Lévy.....	1 00
Idem.............	Le capitaine Pamphile.................	In-12.	Idem........	1 00
Idem.............	La Tulipe noire......................	In-12.	Idem........	1 00
Idem.............	Les Mousquetaires............... 2 vol.	In-12.	Idem........	2 00
Idem.............	Vingt ans après................. 3 vol.	In-12.	Idem........	3 00
Idem	Le chevalier d'Harmental .... 2 vol.	In-12.	Idem........	2 00
Idem.............	La bouillie de la comtesse Berthe	In-12.	Idem........	1 00
Duras (Mᵐᵉ de).....	Ourika............................	In-12.	Jouaust.....	2 50
Ercial (P.)........	Tominette..........................	In-8°.	Picard et Kaan	3 00
Erckmann-Chatrian..	Romans nationaux...................	In-12.	Hetzel......	10 00
Idem.............	Romans populaires..................	In-8°.	Idem........	10 00
Idem.............	Romans alsaciens...................	In-8°.	Idem........	10 00
Fabre (F.)	Julien Savignac	In-12.	Charpentier..	3 50
Idem.............	L'abbé Tigrane.....................	In-12.	Idem........	3 50
Idem.............	Les Courbezon......................	In-12.	Idem........	3 50
Idem.............	Mon oncle Célestin............	In-12.	Idem........	3 50
Farine (Ch.).......	Jocrisse ou les mésaventures d'un sot......	In-12.	Ducrocq.....	3 50
Fath (Georges).....	Les contes du vieux docteur............	In-12.	Idem.	3 50
Fénelon	Aventures de Télémaque..............	In-8°.	Jouvet......	6 00
Ferry (G.)	Le coureur des bois............. 2 vol.	In-12.	Hachette....	7 00
Idem.............	Costal l'Indien.....................	In-12.	Idem........	3 50
Idem.............	Les squatters......................	In-12.	Charpentier..	3 50
Feuillet (Octave)...	Bellah	In-12.	C. Lévy.....	3 50
Idem.............	Le roman d'un jeune homme pauvre	In-12.	Idem........	3 50
Idem.............	Sybille............................	In-12.	Idem........	3 50
Féval (Paul).......	La fée des grèves....................	In-12.	Palmé......	3 00

NOMS DES AUTEURS.	TITRES DES OUVRAGES.	FORMAT.	ÉDITEURS.	PRIX.
				fr. c.
Féval (Paul)........	Le Bossu..................... 2 vol.	In-12.	Dentu......	6 oo
Idem.............	Le capitaine Fantôme........... 2 vol.	In-12.	Idem........	6 oo
Idem.............	Contes de Bretagne..............	In-12.	Palmé......	3 oo
Fistié (Camille).....	L'amour au village...............	In-12.	Ollendorff...	3 5o
Flammarion (Berthe).	Histoire de trois enfants courageux	In-4°.	Marpon.....	10 oo
Fleuriot (Francis)...	Graine de mousses..................	In-8°.	Hachette......	o 95
Fleuriot (L.).......	Tombée du nid....................	In-12.	Idem........	2 oo
Idem.............	Raoul Daubry, chef de famille...........	In-12.	Idem........	4 oo
Idem.............	Mandarine.....................	In-12.	Idem........	4 oo
Forsanz (Vicomtesse de).	La corbeille des fées.................	In-12.	Jouvet......	3 oo
France (Anatole)....	Le livre de mon ami...............	In-12.	C. Lévy....	3 5o
Idem.............	Le crime de Sylvestre Bonnard...........	In-12.	Idem........	3 5o
Fromentin (E.).....	Dominique......................	In-12.	Plon........	3 5o
Garneray...........	A bord d'un négrier. Épisode de la vie maritime.	In-8°.	Mame......	o 95
Gautier fils (Théophile).	Aventures du baron de Münchhausen......	In-4°.	Jouvet......	4 oo
Genlis (Mᵐᵉ de)....	Mademoiselle de Clermont..............	In-12.	Jouaust.....	3 oo
Idem.............	Les Veillées du Château......... 2 vol.	In-12.	Garnier.....	5 oo
Gérard (J.)........	Le tueur de lions....................	In-12.	Hachette....	2 oo
Girard (Alb.).......	Le petit pâtre.....................	In-8°.	Jouvet......	2 oo
Idem.............	Les petits diables..................	In-4°.	Idem........	6 5o
Girardin...........	Le locataire des demoiselles Rocher........	In-12.	Hachette....	3 oo
Idem.............	Les braves gens....................	In-12.	Idem........	2 oo
Idem.............	Les théories du docteur Wurtz...........	In-12.	Idem........	2 oo
Idem.............	Petits contes alsaciens..................	In-8°.	Idem........	1 2o
Idem.............	Le roman d'un cancre...............	In-12.	Idem........	2 oo
Idem.............	Les épreuves d'Étienne..............	In-12.	Idem........	2 oo
Idem.............	L'oncle Placide....................	In-12.	Idem........	2 oo
Idem.............	Contes à Jeannot..................	In-12.	Idem........	o 4o
Idem.............	Contes à Pierrot....................	In-12.	Idem........	o 4o
Idem.............	Les aventures de Colin-Tampon..........	In-12.	Idem........	o 4o
Girardin (Mᵐᵉ de)...	Contes d'une vieille fille à ses neveux......	In-12.	C. Lévy.....	1 oo
Glouvet (Jules de)...	Le Forestier......................	In-12.	Idem........	3 5o
Gouraud (Julie)....	Les filles du professeur...............	In-12.	Hachette....	3 6o
Grand (Georges)....	Une aventure de Samuel Johnson.........	In-8°.	Delagrave...	1 15
Gréville (Henri)....	A travers champs. — Autour d'un phare...	In-12.	Plon.......	3 oo
Idem.............	Bonne-Marie.....................	In-12.	Idem........	3 oo
Idem.............	Idylles.........................	In-8°.	Idem........	6 oo
Idem.............	Un violon russe................ 2 vol.	In-12.	Idem........	6 oo
Idem.............	Sonia.........................	In-12.	Idem........	3 5o
Idem.............	Dosia..........................	In-12.	Idem........	3 oo
Idem.............	L'héritage de Xénie.................	In-12.	Idem........	3 5o
Gros (Jules)........	Les Robinsons de la grève.............	In-4°.	Picard et Kaan	4 oo
Gros (J.) et Reymond (W.).	Les Robinsons de la montagne...........	In-4°.	Picard et Kaan	4 oo

NOMS DES AUTEURS.	TITRES DES OUVRAGES.	FORMAT.	ÉDITEURS.	PRIX.
				fr. c.
Halévy (Ludovic) ...	L'abbé Constantin.....................	In-12.	Lévy........	3 5o
Halt (Marie-Robert) .	Histoire d'un petit homme...............	In-8°.	Marpon.....	3 5o
Idem................	La petite Lazare.....................	In-12.	Idem........	3 5o
Idem................	Monsieur Maurice....................	In-12.	Idem........	3 5o
Halt (Marie-Robert) .	Ladies et gentlemen...................	In-12.	Marpon.....	3 5o
Hameau (Louise)....	Une enfant sans mère..................	In-8°.	Delagrave...	1 80
Héricault (D')......	Les mémoires de mon oncle.............	In-12.	Perrin......	3 00
Idem................	Les cousins de Normandie	In-12.	Idem........	3 00
Hue (Fernand)	Les contes de la plage	In-8°.	Picard et Kaan	1 7o
Hugo (Victor)......	Les travailleurs de la mer......... 2 vol.	In-12.	Marpon.....	7 00
Idem................	Quatre-vingt-treize	In-8°.	Hetzel et Quantin...	7 5o
Idem................	Les Misérables.................. 5 vol.	In-8°.	Idem........	37 5o
Idem................	Notre-Dame-de-Paris............. 2 vol.	In-8°.	Idem........	15 00
Idem................	L'homme qui rit................ 2 vol.	In-12.	Marpon.....	7 00
Janin (Jules).......	Petits contes.................... 3 vol.	In-12.	Jouaust.....	3 5o
Idem................	Petits mélanges................. 2 vol.	In-12.	Idem........	3 5o
Idem................	Mélanges et variétés............. 2 vol.	In-12.	Idem........	3 5o
Idem................	Petits romans.................. 2 vol.	In-12.	Idem........	3 5o
Idem................	Contes et nouvelles............. 2 vol.	In-12.	Idem........	3 5o
Idem................	Barnave .... 2 vol.	In-12.	Idem........	7 00
Julliot (Fr. de).....	Terre de France	In-18.	C. Lévy.....	3 5o
Karr (A.)..........	Les fées de la mer...................	In-12.	Hetzel......	2 00
Idem................	Voyage autour de mon jardin..... 2 vol.	In-8°.	Dumont	15 00
Labesse (Ed.)	Autour du poêle	In-8°.	Didot.......	3 00
Laboulaye..........	Abdallah ou le trèfle à quatre feuilles......	In-12.	Charpentier..	3 5o
Idem................	Contes et nouvelles..................	In-12.	Ducrocq	2 00
Idem................	Contes bleus	In-12.	Charpentier..	3 5o
Idem................	Nouveaux contes bleus...............	In-12.	Idem........	3 5o
Idem................	Le prince Caniche	In-12.	Idem........	3 5o
Idem................	Paris en Amérique	In-12.	Idem........	3 5o
Langlois (Mᵐᵉ).....	Au collège........................	In-8°.	Hachette	o 95
Lacroix (Paul)	Contes du bibliophile Jacob.............	In-8°.	Didot.......	8 00
Idem................	Nouveaux contes du bibliophile Jacob......	In-8°.	Idem........	8 00
Idem................	Les enfants dans la famille.............	In-8°.	Delagrave...	7 5o
Idem................	Histoires d'autrefois	In-8°.	Idem........	7 5o
Idem................	Contes littéraires du bibliophile Jacob......	In-8°.	Idem........	7 5o
Idem................	Aventures d'un petit orphelin...........	In-8°.	Idem........	7 5o
Lamartine..........	Lectures pour tous..................	In-12.	Hachette....	3 5o
Idem................	Le manuscrit de ma mère.............	In-12.	Idem........	3 5o
Idem................	Confidences.......................	In-11.	Idem........	3 5o
Idem................	Nouvelles confidences	In-12.	Idem........	3 5o
Idem................	Le tailleur de pierres de Saint-Point......	In-12.	Idem........	1 25
Idem................	Graziella	In-12.	Idem........	1 25
Idem................	Geneviève........................	In-12.	C. Lévy.....	1 00
Lapointe (Savinien)..	Il était une fois..... Contes.............	In-8°.	Idem........	1 00

NOMS DES AUTEURS.	TITRES DES OUVRAGES.	FORMAT.	ÉDITEURS.	PRIX.
				fr. c.
Laurie (André)	La vie de collège en Angleterre	In-12.	Hetzel	3 00
Idem.	Mémoires d'un collégien	In-12.	Idem	3 00
Idem.	Une année de collège à Paris	In-12.	Idem	3 00
Idem.	Histoire d'un écolier hanovrien	In-12.	Idem	3 00
Idem.	Teto le Florentin	In-12.	Idem	3 00
Idem.	Autour d'un lycée japonais	In-12.	Idem	3 00
Le Gall de la Salle	L'héritage de Jacques Farruel	In-12.	Hachette	3 00
Legouvé (Ernest)	Édith de Falsen; l'éducation d'un père; un lâche.	In-12.	Perrin	3 50
Leila Hanoum	Histoires de tous pays	In-8°.	Picard et Kaan	2 00
Le Prince de Beaumont (Mᵐᵉ).	Le magasin des enfants	2 vol.	In-12.	Garnier	5 00
Leroy (Jeanne)	Drichette	In-12.	Marpon	3 50
Le Sage	Gil Blas	In-8°.	Jouaust	7 00
Lélu (Paul)	En Algérie. Souvenirs d'un colon	In-12.	Hennuyer	3 50
Lieutier (Nelly)	Le testament de maître Michel	In-8°.	Picard et Kaan	1 20
Idem.	Un oiseau de proie parisien	In-8°.	Idem	2 00
Loti (Pierre)	Mon frère Yves	In-12.	C. Lévy	3 50
Idem.	Pêcheurs d'Islande	In-12.	Idem	3 50
Macé (J.)	Histoire d'une bouchée de pain	In-12.	Hetzel	3 00
Idem.	Les serviteurs de l'estomac	In-12.	Idem	3 00
Idem.	L'arithmétique du grand-papa ou histoire d'une pomme.	In-12.	Idem	3 00
Idem.	Contes du petit château	In-12.	Idem	3 00
Madeleine (Jules de).	Le marquis des Saffras	In-12.	Lemerre	6 00
Mairet (Jeanne)	Marca	In-12.	Charpentier	3 50
Idem.	Jean Méronde	In-12.	Ollendorff	3 50
Maistre (Xavier de).	OEuvres choisies	In-12.	Hachette	2 25
Malot (Hector)	Baccara	In-12.	Charpentier	3 50
Idem.	La petite sœur	In-12.	Marpon	10 00
Idem.	Romain Kalbris	In-12.	Delagrave	1 00
Idem.	Sans famille	2 vol.	In-12.	Charpentier	10 00
Manesse	La veillée du pays breton	In-4°.	Jouvet	5 00
Marc-Monnier	Le roman de Gaston Renaud	In-12.	Idem	3 50
Idem.	Gian et Hans	In-12.	Delagrave	3 50
Marcel (Étienne)	La famille du baronnet	2 vol.	In-12.	Didot	3 00
Idem.	Dymitri le Cosaque	2 vol.	In-12.	Idem	5 00
Maréchal (Mᵐᵉ Marie).	L'hôtel Woronzoff	In-12.	Idem	2 50
Idem.	Un mariage à l'étranger	In-12.	Idem	2 50
Marliett (Eugène)	La seconde femme	2 vol.	In-12.	Idem	5 00
Idem.	Le secret de la vieille demoiselle	2 vol.	In-12.	Idem	5 00
Marmier (X.)	Les fiancés du Spitzberg	In-12.	Hachette	3 50
Idem.	L'arbre de Noël	In-12.	Idem	3 50
Idem.	Robert Bruce	In-12.	Idem	3 50
Idem.	Les hasards de la vie	In-12.	Idem	3 50
Idem.	Les âmes en peine	In-12.	Idem	3 50

NOMS DES AUTEURS.	TITRES DES OUVRAGES.	FORMAT.	ÉDITEURS.	PRIX.
				fr. c.
Marmier (X.)	Le roman d'un héritier	In-12.	Hachette	3 5o
Idem.	Mémoires d'un orphelin	In-12.	Idem	3 5o
Idem.	Sous les sapins	In-12.	Idem	3 5o
Idem.	Histoire d'un pauvre musicien	In-12.	Idem	3 5o
Idem.	Contes populaires. 2 vol.	In-12.	Idem	7 00
Idem.	A la maison	In-12.	Idem	3 5o
Maryan (Mᵐᵉ)	La faute du père	In-12.	Didot	2 5o
Masson (J.)	Histoire de bêtes qui ne le sont pas	In-12.	Hachette	o 4o
Matthis	Les deux Gaspards	In-4°.	Jouvet	5 00
Maupassant (Guy de)	Sur l'eau	In-12.	Marpon	4 00
Mélandri	Grain de poudre	In-8°.	Hachette	o 95
Mérimée (P.)	Colomba	In-12.	C. Lévy	3 5o
Mirval (De)	Le Robinson des sables du désert	In-12.	Idem	2 00
Molènes (P. de)	Aventures du temps passé	In-12.	Jouaust	4 00
Monceau (Julie de)	Petites bonnes gens	In-8°.	Quantin	1 00
Montet (Jos.)	Contes patriotiques. 4 vol.	In-12.	Marpon	5 5o
Moreau (Hégésippe)	Œuvres	In-12.	Garnier	3 00
Mouezzy (André)	Rosaik	In-12.	Firmin Didot.	2 5o
Mouton (Eugène)	Voyages et aventures du capitaine Marius Cougourdan.	In-12.	Ollendorff	3 5o
Muller (Eugène)	Nezelle. Souvenirs d'un orphelin	In-12.	Hennuyer	3 5o
Idem.	Scènes villageoises	In-8°.	Delagrave	3 90
Idem.	Le prince de feu. Histoire persane	In-8°.	Idem	1 8o
Idem.	Mémoire d'un mandarin	In-8°.	Mame	1 3o
Idem.	La Mionette	In-12.	Decaux	1 5o
Idem.	Souvenirs d'un franc-tireur	In-12.	Delagrave	2 6o
Musset	Contes et nouvelles. 2 vol. (chaque volume séparément.)	In-12.	Charpentier	3 5o
Nadaud (G.)	Une idylle	In-12.	Hachette	2 00
Navery (Raoul de)	Zacharie ou le maître d'école	In-12.	Dillet	2 00
Idem.	L'odyssée d'Antoine	In-12.	Blériot	3 00
Idem.	Les Robinsons de Paris	In-12.	Idem	3 00
Idem.	Cœurs vaillants	In-4°.	Plon	10 00
Idem.	Les naufrageurs	In-12.	Hennuyer	3 5o
Idem.	Les mystères de Jumièges	In-8°.	Delagrave	10 00
Nodier (Ch.)	Nouvelles	In-12.	Charpentier	3 5o
Idem.	Contes de la veillée	In-12.	Idem	3 5o
Idem.	Contes fantastiques	In-12.	Idem	3 5o
Idem.	Écrin d'un conteur	In-12.	Idem	3 5o
Idem.	Contes choisis. 2 vol.	In-12.	Hetzel	6 00
Idem.	La neuvaine de la Chandeleur	In-12.	Garnier	2 5o
Nyon (Eugène)	Moumoute et Carnage	In-12.	Ducrocq	2 00
Idem.	Les pérégrinations, escapades et aventures de Claude La Ramée et de son cousin Labiche.	In-12.	Idem	2 00
Ouida	Deux petits sabots	In-12.	C. Lévy	1 00
Perrault (C.)	Contes	In-12.	Hachette	2 25
Perret (Paul)	Sœur Sainte-Agnès	In-12.	Ollendorff	3 5o

NOMS DES AUTEURS.	TITRES DES OUVRAGES.	FORMAT.	ÉDITEURS.	PRIX.
				fr. c.
Pressensé (Mᵐᵉ E. de).	Pauvre petit	In-12.	Fichsbacher..	2 50
Idem	Geneviève	In-12.	Idem	3 50
Idem	Brunette et blondinette	In-12.	Idem	2 50
Idem	Le Journal de Thérèse	In-12.	Fichsbacher..	2 50
Idem	La Maison blanche	In-12.	Idem	2 50
Idem	Sabine. Gertrude de Chauzane	In-12.	Idem	3 00
Reybaud (L.)	Jérôme Paturot	In-12.	C. Lévy	1 00
Richebourg	Les soirées amusantes.. 12 vol. (chaque volume.)	In-12.	Plon	0 75
Saint-Briac (De)	Jobic le Corsaire	In-12.	C. Lévy	3 50
Saintine	Picciola	In-12.	Hachette	3 50
Idem	Seul	In-12.	Idem	3 50
Salicis	Contes de bêtes	In-8°.	Sandoz et Fichsbacher.	3 50
Sand (George)	La petite Fadette	In-12.	C. Lévy	3 50
Sand (George)	Les maîtres sonneurs	In-12.	C. Lévy	3 50
Idem	L'homme de neige	3 vol.	In-12.	Idem	3 00
Idem	Contes d'une grand-mère	In-12.	Idem	3 50
Idem	Consuelo	3 vol.	In-12.	Idem	9 00
Idem	La comtesse de Rudolstadt	2 vol.	In-12.	Idem	2 00
Idem	Jeanne	In-12.	Idem	1 00
Idem	Le meunier d'Angibault	In-12.	Idem	1 00
Idem	Narcisse	In-12.	Idem	1 00
Idem	La ville noire	In-12.	Idem	1 00
Idem	Jean de la Roche	In-12.	Idem	3 50
Idem	Mauprat	In-12.	Idem	3 50
Idem	Les beaux messieurs de Bois-Doré... 2 vol.	In-12.	Idem	2 00
Idem	La famille de Germandre	In-12.	Idem	3 50
Idem	Histoire de ma vie	4 vol.	In-12.	Idem	14 00
Idem	Le marquis de Villemer	In-12.	Idem	3 50
Idem	La mare au diable	In-12.	Idem	3 50
Idem	François le Champi	In-8°.	Idem	3 50
Idem	Histoire du véritable Gribouille	In-8°.	Hetzel	2 00
Idem	Mademoiselle La Quintinie	In-12.	C. Lévy	3 00
Sandeau	Sacs et parchemins	In-12.	C. Lévy	1 00
Idem	La roche aux mouettes	In-12.	Hetzel	3 00
Idem	Catherine	In-12.	C. Lévy	1 00
Idem	Madeleine	In-12.	Charpentier..	3 50
Idem	Le docteur Herbault	In-12.	Idem	3 50
Idem	La maison de Penarvan	In-12.	Idem	3 50
Idem	Valereuse	In-12.	Idem	3 50
Idem	Le jour sans lendemain, Olivier, Hélène Vaillant.	In-12.	Idem	1 00
Sarcey (Francisque).	Les misères d'un fonctionnaire chinois. — Le nouveau seigneur de village.	In-12.	Idem	3 50
Idem	Henri Perrier	In-12.	Idem	3 50

NOMS DES AUTEURS.	TITRES DES OUVRAGES.	FORMAT.	ÉDITEURS.	PRIX.
				fr. c.
Sarcey (Francisque).	Étienne Moret	In-12.	Charpentier..	3 50
Séguin (Alf.)	Si j'étais grand!	In-8°.	Picard et Kaan	2 00
Siebecker	Les enfants malheureux	In-8°.	Paul Dupont.	3 00
Idem	Récits héroïques	In-12.	Marpon	1 00
Simon (Jules)	Trois condamnés à mort	In-12.	C. Lévy	5 00
Sobol (Mᵐᵉ de).	Bouton d'or	In-12.	Quantin	1 00
Soulié (Frédéric)	Le lion amoureux	In-12.	C. Lévy	1 00
Souvestre	Au coin du feu	In-12.	Idem	1 00
Idem	Lectures journalières	In-12.	Idem	1 00
Idem	Un philosophe sous les toits	In-12.	Idem	1 00
Idem	Mémorial de famille	In-12.	Idem	1 00
Idem	Confessions d'un ouvrier	In-12.	Idem	1 00
Idem	Les soirées de Meudon	In-12.	Idem	1 00
Idem	La dernière étape	In-12.	Idem	1 00
Idem	Pendant la moisson	In-12.	Idem	1 00
Idem	Récits et souvenirs	In-12.	Idem	1 00
Idem	Sur la pelouse	In-12.	Idem	1 00
Idem	Dans les clairières	In-12.	Idem	1 00
Idem	Dans la prairie	In-12.	Idem	1 00
Idem	Sous les ombrages	In-12.	Idem	1 00
Idem	Sous les filets	In-12.	Idem	1 00
Idem	Les chroniques de la mer	In-12.	Idem	1 00
Idem	Au bord du lac	In-12.	Idem	1 00
Staël (Mᵐᵉ de)	Corinne ou l'Italie	In-12.	Garnier	3 00
Stahl	Les quatre filles du docteur Marsch	In-12.	Hetzel	3 00
Idem	Maroussia	In-12.	Idem	3 00
Idem	Histoire d'un âne et de deux jeunes filles	In-12.	Idem	3 00
Idem	Les patins d'argent	In-12.	Idem	3 00
Idem	Les quatre peurs de notre général	In-12.	Idem	3 00
Stendhal (De)	La chartreuse de Parme	In-12.	C. Lévy	1 00
Théo-Critt	Mémoires de Cigarette	In-12.	Quantin	1 00
Theuriet (André)	Le fils Maugars	In-12.	Charpentier..	3 50
Idem	La maison des deux Barbeaux	In-12.	Idem	3 50
Idem	Contes pour les jeunes et les vieux	In-8°.	Lemerre	9 00
Idem	Les enchantements de la forêt	In-12.	Hachette	1 20
Idem	Amour d'automne	In-12.	Lemerre	3 50
Idem	Sous bois. Impressions d'un forestier	In-12.	Charpentier .	3 50
Tinseau (Léon de)	Nouvelles	In-12.	C. Lévy	3 50
Idem	Madame Villéféron jeune	In-12.	Idem	3 50
Tissot (André)	Les conteurs amusants	In-8°.	Delagrave	2 60
Töpffer (Rodolphe).	Le presbytère	In-12.	Hachette	3 50
Idem	Nouvelles genevoises	In-12.	Idem	3 50
Idem	Rosa et Gertrude	In-12.	Idem	3 50
Toudouze	Madame Lambelle	In-12.	Havard	3 50
Uchard (Mario)	Mademoiselle Blaisot	In-12.	Ollendorff	3 50
Ulbach (Louis)	L'espion des écoles	In-8°.	Delagrave	10 00

NOMS DES AUTEURS.	TITRES DES OUVRAGES.	FORMAT.	ÉDITEURS.	PRIX.
				fr. c.
Ulbach (Louis).....	M. et Mᵐᵉ Fernel....................	In-12.	C. Lévy.....	3 50
Vallery-Radot (A.)..	Le voyage de Mˡˡᵉ Rosalie..............	In-8°.	Quantin.....	
Vauthier (Georges)..	Le pays du merle blanc...............	In-12.	Ollendorff...	3 50
Verne (Jules)	Le pays des fourrures .... 2 vol.	In-12.	Hetzel......	6 00
Idem.............	Michel Strogoff................ 2 vol.	In-12.	Idem........	6 00
Idem.............	Les enfants du capitaine Grant.... 3 vol.	In-12.	Idem........	9 00
Idem.............	Vingt mille lieues sous les mers.... 2 vol.	In-12.	Idem........	6 00
Idem.............	Cinq semaines en ballon................	In-12.	Idem........	3 00
Idem.............	Aventures de trois Russes et de trois Anglais.	In-12.	Idem........	3 00
Idem.............	Le tour du monde en 80 jours...........	In-12.	Idem........	3 00
Idem.............	L'île mystérieuse............... 3 vol.	In-12.	Idem........	9 00
Idem.............	Le docteur Ox........................	In-12.	Idem........	3 00
Idem.............	Les Indes noires.....................	In-12.	Idem........	3 00
Idem.............	Un capitaine de quinze ans .... 2 vol.	In-12.	Idem........	6 00
Idem.............	La maison à vapeur .... 2 vol.	In-12.	Idem........	6 00
Idem.............	Voyage au centre de la terre............	In-12.	Idem........	3 00
Idem.............	Une ville flottante...................	In-12.	Idem........	3 00
Idem.............	Le rayon vert	In-12.	Idem........	3 00
Idem.............	Aventures du capitaine Hatteras ... 2 vol.	In-12.	Idem........	6 00
Idem.............	Le chancellor	In-12.	Idem........	3 00
Idem.............	De la terre à la lune..................	In-12.	Idem........	3 00
Idem.............	Autour de la lune....................	In-12.	Idem........	3 00
Idem.............	Hector Servadac .... 2 vol.	In-12.	Idem........	6 00
Idem.............	Les cinq cents millions de la Begum.......	In-12.	Idem........	3 00
Idem.............	Les tribulations d'un Chinois en Chine.....	In-12.	Idem........	3 00
Idem.............	La Jangada .... 2 vol.	In-12.	Idem........	6 00
Idem.............	L'école des Robinsons..................	In-12.	Idem........	3 00
Idem.............	Kéraban le Têtu .... 2 vol.	In-12.	Idem........	6 00
Idem.............	L'archipel en feu....................	In-12.	Idem........	3 00
Idem.............	Mathias Sandorf............. 3 vol.	In-12.	Idem........	9 00
Idem.............	Robur le Conquérant	In-12.	Idem........	3 00
Idem.............	Un billet de loterie..................	In-12.	Idem........	3 00
Idem.............	Nord et Sud	In-12.	Idem........	6 00
Idem.............	Le chemin de France.................	In-12.	Idem........	3 00
Idem.............	L'étoile du Sud......................	In-12.	Idem........	3 00
Vignon (Claude),...	Une Parisienne	In-12.	C. Lévy.....	3 50
Vigny (A. de).....	Cinq-Mars	In-12.	Idem........	3 50
Idem.............	Stello.........................	In-12.	Idem........	3 50
Idem.............	Servitude et grandeur militaire	In-12.	Idem........	3 50
Vimont (Ch.)	Histoire d'un navire	In-12.	Hachette....	2 15
Waddeville (De)....	La Lecture en famille...............	In-4°.	Hennuyer....	5 00
With (Em.)........	Les aventures d'un jeune ingénieur........	In-12.	Dentu......	3 50
Witt (Mᵐᵉ de), née Guizot.	Le cercle de famille	In-12.	Perrin......	3 00
Idem.............	Les enfants, contes à l'usage de la famille...	In-12.	Idem........	3 00
Idem.............	Nouveaux contes à l'usage de la famille....	In-12.	Idem........	3 00

NOMS DES AUTEURS.	TITRES DES OUVRAGES.	FORMAT.	ÉDITEURS.	PRIX.
				fr. c.
Witt (Mᵐᵉ de), née Guizot.	Légendes et récits pour la jeunesse	In-8°.	Hachette....	4 00
Idem.............	Une sœur............................	In-8°.	*Idem*........	4 00
Idem.............	Tout simplement; vers les hauteurs par la vallée.	In-12.	*Idem*........	2 00
Idem.............	Un patriote au xɪvᵉ siècle. Les héroïnes d'Harlem. Une heureuse femme.	In-8°.	*Idem*........	4 00
Idem.............	Scènes historiques.....................	In-8°.	*Idem*........	8 00
Witt (Mᵐᵉ de) et Doy (S.).	Les cœurs aimants. Mère et fille. Fille et père.	In-12.	Quantin.....	1 00

Étrangers.

NOMS DES AUTEURS.	TITRES DES OUVRAGES.	FORMAT.	ÉDITEURS.	PRIX.
Amicis (Ed. de)	Scènes de la vie militaire...............	In-12,	Hachette. ,,,	1 25
Andersen ...,,.....	Histoire de Valdemar Daae.............	In-12,	Garnier.....	2 50
Idem.............	L'homme de neige ....,,..........,,,	In-12,	*Idem*.......	2 50
Idem.............	Le camarade de voyage ....,,.	In-12,	*Idem*.......	2 50
Idem.............	La vierge des glaciers.................	In-12.	*Idem*.......	2 50
Andersen	Le coffre volant.....................,	In-12.	*Idem*........	2 50
Beecher-Stove (Mistress).	La case de l'oncle Tom................	In-12.	*Idem*.......	1 25
Idem.............	La fiancée du ministre............,,....	In-12.	*Idem*.......	1 25
Bremer (Frederika).	Les filles du président, traduit du suédois par Mˡˡᵉ du Puget.	In-12,	*Idem*.......	3 00
Idem.............	Guerre et paix, le voyage de la Saint-Jean, traduit du suédois par Mˡˡᵉ du Puget.	In-12.	*Idem*.......	3 00
Idem.............	Les voisins, traduit du suédois par Mˡˡᵉ du Pujet.	In-12.	*Idem*.......	3 00
Idem.............	Le foyer domestique ou chagrins et joies de la famille, traduits du suédois par Mˡˡᵉ du Puget.	In-12.	*Idem*.......	3 00
Cervantes (Michel) ..	Don Quichotte (tr. Viardot) .... 2 vol.	In-12,	Hachette....	7 00
Idem...........,,,,	Histoire de don Quichotte de la Manche. 2 vol.	In-12.	Ducrocq.....	2 50
Chamisso	Peter Schlemihl.....................	In-12.	Hachette....	1 00
Cooper (F.)	Œuvres.................... 30 vol. Chaque volume se vend séparément.	In-8°.	Jouvet......	3 50
Cummins (Miss)....	L'allumeur de réverbères (tr. Belin de Launay).	In-12.	Hachette....	1 25
Idem	Mabel Vaughan.....................,,.	In-12.	*Idem*.......	1 25
Currer Bell	Le professeur	In-12.	*Idem*.......	1 25
Idem.............	Jeanne Eyre ....:........ 2 vol.	In-12.	*Idem*.......	2 50
Idem.............	Shirley et Agnès Grey .... 2 vol.	In-12.	*Idem*.......	2 50
Dickens (Charles)...	Olivier Tewist......................	In-12.	*Idem*.......	1 25
Idem.............	La petite Dorrit	In-12.	*Idem*.......	2 50
Idem.............	Contes de Noël ....,,...	In-12.	*Idem*.......	1 25
Idem.............	Vie et aventures de Nicolas Nickleby. 2 vol.	In-12.	*Idem*.......	2 50
Idem.............	Aventures de M. Pickwick.......... 2 vol.	In-12.	*Idem*	2 50

NOMS DES AUTEURS.	TITRES DES OUVRAGES.	FORMAT.	ÉDITEURS.	PRIX.
				fr. c.
Dickens (Charles)...	David Copperfield................ 2 vol.	In-12.	Hachette	2 50
Idem..............	Le magasin d'antiquités.......... 2 vol.	In-12.	*Idem*	2 50
Idem	Barnabé Rudge................... 2 vol.	In-12.	*Idem*	2 50
Idem	Black-House .... 2 vol.	In-12.	*Idem*	2 50
Idem	Vie et aventures de Martin Chuzzewitt	In-12.	*Idem*	2 50
Idem	Dombey et fils .... 3 vol.	In-12.	*Idem*.	3 75
Idem............	Bataille de la vie................	In-12.	*Idem*.	1 25
Idem............	Chant de Noël....................	In-8°.	*Idem*	0 95
Dostoïevsky (Th.)...	Souvenirs de la maison des morts, traduit du russe.	In-12.	Plon	3 50
Idem	Crime et châtiment................	In-12.	*Idem*.......	7 00
Eliott (Georges)	Adam Bede......................	In-12.	Hachette	2 50
Idem	Silas Marner....................	In-12.	Didot........	2 50
Idem	Le moulin de la Floss.............	In-12.	Hachette....	2 50
Foë (Daniel de)	Robinson Crusoé.................	In-12.	Delagrave...	1 00
Idem.............	*Idem*......................	In-8°.	Hachette. ...	2 60
Franck et Alsleben ..	Contes allemands du temps passé........	In-8°.	Perrin......	8 00
Fraser Tytler (Miss Ann).	Grave et gai, rose et gris.............	In-12.	Garnier.....	3 00
Freytag (G.).......	Doit et avoir (tr. Suckau)........ 3 vol.	In-12.	Hachette....	3 75
Fullerton (Lady G.).	Hélène Middleton (tr. Villaret)..........	In-12.	*Idem*.	1 25
Idem	L'oiseau du bon Dieu (tr. Saint-Romain) ..	In-12.	*Idem*.	1 25
Galland	Les Mille et une nuits............ 2 vol.	In-12.	Ducrocq.....	4 00
Idem............	Les Mille et une nuits..............	In-8°.	Ducrocq	6 00
Gaskell (M.).......	Marie Barton (tr. Mˡˡᵉ Morel)............	In-12.	Hachette	1 25
Gerstäcker (Fred.) ..	Les pirates du Mississipi	In-12.	*Idem*.	1 25
Idem	Aventures d'une colonie d'émigrants en Amérique (tr. X. Marmier).	In-12.	*Idem*.	1 25
Idem	Les deux convicts....................	In-12.	*Idem*.	1 25
Gogol (N.)........	Tarass Boulba, roman traduit du russe par L. Viardot.	In-12.	*Idem*.	1 25
Goldsmith (Olivier) .	Le vicaire de Wakefield	In-12.	Charpentier..	3 50
Habberton (J.).....	Récits d'un humoriste (adapté par W. Hughes).	In-12.	Hennuyer ...	3 50
Hall (Le capitaine)..	Scènes du bord et de la terre ferme, traduites de l'anglais par A. Pichot.	In-12.	Hachette....	1 25
Idem.............	Scènes de la vie maritime............	In-12.	*Idem*.	1 25
Hildreth..........	L'esclave blanc (tr. Félix Mornand).......	In-12.	*Idem*.	1 25
Hoffmann..........	Contes fantastiques (tr. X. Marmier).......	In-12.	Charpentier..	3 00
Howells (W. D.)....	La passagère de l'Aroostook (tr. Mᵐᵉ Dronsart).	In-12.	*Idem*.	1 25
Lytton (Ed. Bulwer).	Les derniers jours de Pompéï (tr. Lorain)..	In-12.	*Idem*.	1 25
Manzoni (A.)......	Les fiancés (tr. Martinelli)........ 2 vol.	In-12.	*Idem*.......	2 50
Idem.............	Les fiancés..................... 2 vol.	In-12.	Garnier.....	3 00
Mayne-Reid	A fond de cale	In-12.	Hachette....	2 25
Idem	Les chasseurs de girafes................	In-12.	*Idem*.	2 25
Idem	Les chasseurs de plantes...............	In-12.	*Idem*.	2 25
Idem	Les grimpeurs de rochers...............	In-12.	*Idem*.	2 25

NOMS DES AUTEURS.	TITRES DES OUVRAGES.	FORMAT.	ÉDITEURS.	PRIX.
				fr. c.
Mayne-Reid........	A la mer.........................	In-12.	Hachette....	2 25
Idem	Les vacances des jeunes Boërs...........	In-12.	*Idem*.	2 25
Idem	Les veillées de chasse..................	In-12.	*Idem*.	2 25
Idem	L'habitation du désert.................	In-12.	*Idem*.	2 25
Idem	Les exilés dans la forêt................	In-12.	*Idem*.	2 25
Idem	Bruin............................	In-12.	*Idem*.	2 25
Idem...........	Les peuples étranges..................	In-12.	*Idem*.	2 25
Idem	La chasse au Leviathan................	In-12.	*Idem*.	2 25
Idem	Les naufragés de la *Calypso*...........	In-12.	*Idem*.	2 25
Idem............	La piste de guerre....................	In-12.	*Idem*.	1 25
Idem............	La quarteronne......................	In-12.	*Idem*.	1 25
Idem............	Le doigt du Destin...................	In-12.	*Idem*.	1 25
Idem............	Le roi des Séminoles..................	In-12.	*Idem*.	1 25
Idem............	Les Partisans.......................	In-12.	*Idem*.	1 25
Pellico (Silvio)	Mes prisons........................	In-12.	Charpentier..	3 50
Idem............	Mes prisons, traduction de l'abbé Bourassé.	In-8°.	Mame	1 30
Idem............	Mes prisons, traduction du comte de Messey.	In-12.	Garnier.....	2 50
Pietrowski (Rufin)..	Souvenirs d'un sibérien	In-12.	Hachette....	1 25
Poë (Edg.)........	OEuvres choisies (éd. Hughes)..........	In-12.	Hennuyer...	3 50
Pouschkine (Alex.)..	La fille du capitaine (tr. Viardot)........	In-12.	Hachette....	1 25
Reade (Ch.) et Dion Boucicault.	L'île providentielle (tr. Bochet)	In-12.	*Idem*.	2 50
Schmidt (Le chanoine	Contes............................	In-12.	Hachette....	2 25
Scott (Walter)	OEuvres complètes .... 30 vol. Chaque volume se vend séparément.	In-8°.	Jouvet......	3 50
Sterne	Voyage sentimental en France et en Italie ...	In-12.	Jouault.....	3 00
Swifft...........	Voyages de Gulliver..................	In-8°.	Ducrocq.....	6 00
Thackeray (M. W.) .	La foire aux vanités (tr. Guiffrey).. 2 vol.	In-12.	Hachette	2 00
Tolstoï (Comte Léon).	A la recherche du bonheur	In-12.	Perrin......	3 00
Idem	Souvenirs, traduits par Arvède Barine.....	In-12.	Hachette....	3 00
Tourguéneff (Ivan)..	Mémoires d'un seigneur russe, traduits par E. Charrier. 2 vol.	In-12.	*Idem*.	2 50
Idem	Terres vierges.......................	In-12.	Hetzel......	3 00
Idem	Récits d'un chasseur..................	In-12.	Dentu	3 00
Twain (Marc)......	Les aventures de Tom Sayer, traduites par W. S. Hughes.	In-4°.	Hennuyer ...	6 00
Idem	Les aventures de Huck Finn, traduites par W. S. Hugues.	In-4°.	*Idem*	6 00
Wiseman (Le card.).	Fabiola ou l'église des catacombes.........	In-4°.	Mame	5 00
Idem............	*Idem*	In-12.	*Idem*	2 00
Wyss	Le Robinson suisse............... 2 vol.	In-12.	Ducrocq.....	2 50
Idem............	*Idem*............................	In-8°.	Hachette....	2 60

NOMS DES AUTEURS.	TITRES DES OUVRAGES.	FORMAT.	ÉDITEURS.	PRIX.
				fr. c.

Ve SECTION. — THÉÂTRE.

NOMS DES AUTEURS.	TITRES DES OUVRAGES.	FORMAT.	ÉDITEURS.	PRIX.
About (Ed.)........	Le théâtre impossible.................	In-12.	Hachette.....	3 50
Aicard (Jean)......	Smilis, drame en 4 actes en prose........	In-12.	Idem.......	2 00
Andrieux..........	OEuvres choisies......................	In-8°.	Ducrocq.....	6 00
Arnaud (Mlle Simone).	Mademoiselle du Vigean, comédie en 1 acte en vers.	In-12.	Ollendorf....	1 50
Idem.............	Les fils de Jahel, drame en 5 actes en vers.	In-8°.	Idem.......	3 50
Augier...........	Théâtre complet.............. 6 vol.	In-12.	C. Lévy.....	30 00
Banville (Th. de)...	Socrate et sa femme, comédie en 1 acte en vers.	In-12.	Idem.......	1 50
Idem.............	Comédies....................	In-12.	Lemerre	6 00
Idem.............	Gringoire....................	In-12.	C. Lévy.....	1 50
Barrière (Th.).....	Le piano de Berthe.............	In-12.	Idem.......	1 25
Bayard et Lemoine...	La niaise de Saint-Flour............	In-12.	Idem......	1 25
Beaumarchais......	Théâtre................	In-8°.	Jouvet......	6 00
Idem.............	Idem............	In-12.	Garnier.....	3 00
Berquin..........	Théâtre choisi..................	In-12.	Idem.......	2 50
Bonhomme (P.)....	Bébé....................	In-12.	Librairie théâtrale.	0 50
Idem.............	Le bal des fleurs.................	In-12.	Idem.......	0 50
Bornier (De)......	La fille de Roland.............	In-18.	Dentu......	3 50
Brueys et Palaprat...	L'avocat Patelin..............	In-12.	Tresse et Stock	1 50
Carcassonne (Ad.)...	Scènes à deux..............	In-12.	Ollendorf....	3 50
Gelières (P.).......	Entre deux paravents.............	In-12.	Hennuyer...	8 00
Idem.............	En scène, S. V. P. (proverbes)........	In-12.	Idem.......	3 50
Colin d'Harleville...	Théâtre..................	In-12.	Garnier.....	3 00
Coppée..........	Le trésor, comédie en 1 acte et en vers.....	In-12.	Lemerre	1 50
Idem.............	Le luthier de Crémone, comédie en 1 acte et en vers.	In-12.	Idem.......	1 50
Coppée et d'Artois...	La guerre de Cent ans, drame en 5 actes...	In-12.	Idem.......	3 00
Corneille..........	Théâtre choisi..................	In-8°.	Jouvet......	7 00
Idem.............	Théâtre (éd. Hemon)........... 4 vol.	In-12.	Delagrave...	12 00
Idem.............	Théâtre.................. 5 vol.	In-12.	Jouaust.....	15 00
Idem.............	OEuvres choisies..............	In-8°.	Ducrocq.....	6 00
Delair (Paul)......	Garin, drame en 5 actes en vers..........	In-8°.	Ollendorf....	2 50
Delavigne (Casimir).	Théâtre..................	In-8°.	Garnier.....	2 00
Delpit (Albert).....	Le père de Martial, pièce en 4 actes.......	In-12.	Ollendorf....	0 80
Desaugiers.........	Le dîner de Madelon.................	In-4°.	C. Lévy.....	1 00
Desforges.........	Le sourd ou l'auberge pleine...........	In-8°.	Tresse et Stock	3 00
Destouches........	Le glorieux, comédie en 5 actes..........	In-12.	Garnier.....	4 00
Dreyfus..........	Un monsieur en habit noir............	In-12.	Lévy.......	1 50
Idem..	Un crâne sur une tempête, saynète.......	In-12.	Ollendorf....	1 00
Dumas (Alex.) père.	L'invitation à la valse................	In-12.	Lévy.......	1 00
Dupuis (E.).......	Comédies enfantines.......	In-12.	Delagrave...	3 50

NOMS DES AUTEURS.	TITRES DES OUVRAGES.	FORMAT.	ÉDITEURS.	PRIX.
				fr. c.
Ferrier (Paul)......	Chez l'avocat.....................	In-12.	Lévy.......	1 50
Feuillet (Octave)....	Scènes et comédies...............	In-12.	*Idem*	3 50
Idem	Scènes et proverbes.............	In-12,	*Idem*	3 50
Girardin (Mᵐᵉ E. de).	La joie fait peur.................	In-12.	*Idem*	1 50
Gondinet (Ed.).....	Oh Monsieur! saynète en vers...........	In-12.	Lévy.......	1 00
Idem.............	Les convictions de papa, comédie en 1 acte.	In-12.	Ollendorf....	1 50
Gozlan (Léon)......	Une tempête dans un verre d'eau..........	In-12.	Lévy	1 50
Idem	La pluie et le beau temps.............	In-12.	*Idem*	1 50
Grenet-Dancourt.....	La barque de l'univers, comédie en 5 actes.	In-12.	Ollendorf....	2 00
Idem.............	Divorçons-nous? comédie en 1 acte........	In-12.	*Idem*	1 00
Gresset............	Le méchant, comédie en 5 actes..........	In-12.	Jouaust.....	3 50
Guiard (E.)........	La mouche, monologue...............	In-12.	Ollendorf ...	1 00
Idem.............	Feu de paille, comédie en 1 acte en vers...	In-12.	*Idem*	1 00
Idem.............	Volte-face, comédie en 1 acte en vers......	In-12.	*Idem*	1 50
Idem.............	Mon fils, pièce en 3 actes et en vers......	In-8°.	*Idem*	3 50
Hugo (Victor)......	Théâtre .... 4 vol.	In-12.	Lemerre	24 00
Idem.............	*Idem* .... 4 vol.	In-8°.	Hetzel et Quantin.	30 00
Idem.............	*Idem*.................... 4 vol.	In-12.	Hachette....	14 00
Labiche	La grammaire....................	In-12.	Librairie théâtrale	1 00
Idem	Les petits oiseaux..................	In-12.	Dentu......	2 00
Idem	La poudre aux yeux	In-12.	Lévy.......	2 00
Idem...........	Le voyage de M. Perrichon............	In-12.	*Idem*.......	2 00
Idem	La cagnotte.....................	In-12.	Dentu	2 00
Idem	L'affaire de la rue de Lourcine...........	In-12.	*Idem*	1 50
Idem.	Permettez, madame	In-12.	Dentu......	1 50
Idem	La cigale chez les fourmis.............	In-12.	Lévy.......	1 00
Idem	Embrassons-nous, Folleville...........	In-12.	*Idem*.	1 50
Idem	Les deux timides..................	In-12.	*Idem*.	1 50
Idem	Mon Isménie....................	In-12.	*Idem*.	1 50
Idem	Les vivacités du capitaine Tic...........	In-12.	*Idem*.	2 00
Lomon (Ch.)......	Le marquis de Kenilis, drame en 5 actes en vers.	In-8°.	Ollendorf....	3 50
Idem	Jean Dacier, drame en 5 actes en vers.....	In-8°.	Ollendorf....	3 50
Marc-Monnier	La soupe aux choux................	In-12.	Lévy.......	1 50
Marivaux	Théâtre choisi..................	In-12.	Didot.......	3 00
Idem	Théâtre choisi.............. 2 vol.	In-12.	Jouaust.....	6 00
Manuel...........	Les ouvriers......·	In-12.	C. Lévy.....	1 50
Meilhac et Halévy...	L'été de la Saint-Martin.............	In-12.	*Idem*	1 50
Michel (Marc) et Labiche.	Un monsieur qui prend la mouche........	In-12.	*Idem*	1 50
Molière...........	Théâtre choisi............... 2 vol.	In-8°.	Jouvet......	14 00
Molière...........	Théâtre complet............. 8 vol.	In-12.	Jouaust.....	32 00
Idem............	Les précieuses ridicules (éd. Livet)........	In-12.	P. Dupont ..	1 50
Idem	Le bourgeois gentilhomme (éd. Livet).....	In-12.	*Idem*	1 50

NOMS DES AUTEURS.	TITRES DES OUVRAGES.	FORMAT.	ÉDITEURS.	PRIX.
				fr. c.
Molière	Le tartuffe (éd. Livet)	In-12.	P. Dupont	1 50
Idem	L'avare (éd. Livet)	In-12.	Idem	1 50
Idem	Le misanthrope (éd. Livet)	In-12.	Idem	1 50
Moinaux (Jules)	Les deux sourds	In-12.	Lévy	1 50
Murger	Le bonhomme Jadis	In-12.	Idem	1 50
Musset	Comédies et proverbes 2 vol.	In-12.	Charpentier	7 00
Ohnet (Georges)	Serge Panine, pièce en 5 actes	In-12.	Ollendorf	2 00
Pailleron (Édouard)	Le monde où l'on s'ennuie, comédie en 3 actes.	In-12.	C. Lévy	2 00
Idem	L'étincelle	In-12.	Idem	1 50
Picard	Théâtre choisi	In-12.	Laplace et Sanchez.	3 50
Piron	La métromanie, comédie en 5 actes	In-12.	Jouaust	4 00
Poinsinet	Le cercle ou la soirée à la mode, comédie en 1 acte, précédée d'une étude d'Aug. Vitu.	In-12.	Ollendorf	2 00
Ponsard	Théâtre complet 2 vol.	In-8°.	Lévy	15 00
Racine	Théâtre	In-8°.	Furne	7 00
Idem	Théâtre complet (éd. Bernardin) 3 vol.	In-12.	Delagrave	12 00
Idem	Théâtre 3 vol.	In-12.	Jouaust	9 00
Idem	OEuvres choisies (éd. pour la jeunesse)	In-8°.	Ducrocq	6 00
Regnard	Théâtre choisi	In-12.	Didot	3 00
Idem	Théâtre 2 vol.	In-12.	Jouaust	6 00
Ricquier (L.)	Scènes classiques et monologues	In-12.	Delagrave	3 50
Saint-Remy	M. Choufleury restera chez lui	In-12.	C. Lévy	1 50
Sand (George)	Théâtre de Nohant	In-12.	C. Lévy	3 50
Idem	Le marquis de Villemer	In-12.	Idem	2 00
Idem	Le mariage de Victorine	In-12.	Idem	1 50
Idem	Claudie, drame en 3 actes	In-12.	Idem	1 00
Sandeau (Jules)	Mˡˡᵉ de la Seiglière, comédie en 4 actes en prose.	In-12.	C. Lévy	2 00
Scribe	La demoiselle à marier	In-12.	Tresse et Stock.	1 00
Idem	La camaraderie	In-12.	Idem	1 00
Idem	Bertrand et Raton	In-12.	Idem	1 00
Idem	Le verre d'eau	In-12.	Idem	1 00
Scribe et Legouvé	Les doigts de fée	In-12.	Lévy	2 00
Idem	Bataille de dames	In-12.	Idem	1 00
Idem	Adrienne Lecouvreur	In-12.	Idem	2 00
Sedaine	Théâtre	In-12.	Garnier	3 00
Idem	Le philosophe sans le savoir, comédie en 5 actes.	In-12.	Jouaust	3 50
Shakespeare	OEuvres complètes (tr. Montégut). 10 vol.	In-12.	Hachette	35 00
Verconsin (Eug.)	En wagon, saynète	In-12.	C. Lévy	1 50
Idem	Les rêves de Marguerite	In-12.	Tresse et Stock.	1 00
Voltaire	Théâtre	In-8°.	Jouvet	6 00
Wafflard et Fulgence	Le voyage à Dieppe	In-12.	Tresse et Stock.	1 00

NOMS DES AUTEURS.	TITRES DES OUVRAGES.	FORMAT.	ÉDITEURS.	PRIX.
				fr. c.
Wafflard, Picard et Fulgence.	Les deux ménages.	In-12.	Tresse et Stock.	1 oo
	Théâtre de campagne	In-12.	Ollendorf. . .	3 5o
Recueils.	Chefs-d'œuvre des auteurs comiques, contenant 64 pièces de 35 auteurs différents, tels qu'Andrieux, Boursault, Brueys, Collin d'Harleville, Dancourt, Destouches, Favart, Gresset, Lemercier, Le Sage, Marivaux, Piron, Scarron, Sedaine, etc. 8 vol. Chaque volume se vend séparément.	In-12.	Didot.	3 oo
	Chefs-d'œuvre des auteurs tragiques, contenant 18 pièces de Rotrou, La Fosse, Crébillon, Le Franc de Pompignan, Saurin, de Belloy, La Harpe, Ducis, Chénier, Legouvé, Luce de Lancival, Lemercier. 2 vol.	In-12.	Didot.	6 oo

Fasc. n° 19. — **Les colonies de vacances.** Mémoire historique et statistique, par M. W. Bion, préface de F. Sarcey. Une brochure in-8° de 48 pages. Prix... 80 c.

Fasc. n° 20. — **Règlements organiques de l'enseignement primaire.** Un volume in-8° de 429 pages. Prix.. 2 fr.

Fasc. n° 21. — **Bibliothèques scolaires.** Catalogue d'ouvrages de lecture. Une brochure de 120 pages. Prix.. 75 c.

Fasc. n° 22. — **Catalogue des bibliothèques pédagogiques.** Un volume in-8° de 46 pages. Prix. 50 c.

Fasc. n° 23. — **Catalogue des lectures récréatives pour les veillées de l'école et de la famille.** (Sous presse.)

Fasc. n° 24. — **Catalogue des périodiques scolaires reçus au Musée pédagogique.**

Fasc. n° 25. — **Résumé du Répertoire des ouvrages pédagogiques du XVI° siècle.** Une brochure in-8° de 123 pages. Prix... 1ᶠ 50.

Fasc. n° 26. — **Le phonétisme au congrès philologique de Stockholm,** par M. Paul Passy. Une brochure in-8° de 40 pages. Prix.. 80 c.

Fasc. n° 27. — **Décret déterminant les règles de la création et de l'installation des écoles primaires publiques.** Une brochure in-8° de 148 pages. Prix.................................... 1 fr

Fasc. n° 28. — **Pestalozzi, élève de J.-J. Rousseau,** par M. Hérisson. Un volume in-8° de 248 pages. Prix.. 3ᶠ 50.

Fasc. n° 29. — **Le certificat d'aptitude pédagogique,** par M. Berger. Une brochure in-8° de 131 pages. Prix.. 1 fr.

Fasc. n° 30. — **Le certificat d'études primaires supérieures.** Une brochure in-8° de 63 pages. Prix. 50 c.

Fasc. n° 31. — **Bibliothèque circulante du Musée pédagogique.** Une brochure in-8° de 14 pages. Prix.. 50 c.

Fasc. n° 32. — **Catalogue des bibliothèques des écoles normales d'instituteurs et d'institutrices.** Une brochure in-8° de 53 pages. Prix... 50 c.

Fasc. n° 33. — **Deux ministres pédagogues : M. Guizot et M. Ferry** (avec une introduction de M. F. Pécaut). Une brochure in-8° de 32 pages. Prix... 75 c.

Fasc. n° 34. — **Enseignement de l'agriculture.** Un volume in-8° de 132 pages. Prix.......... 2 fr.

Fasc. n° 35. — **Instruction spéciale sur l'enseignement du dessin,** par M. Keller. Un volume in-8° de 114 pages. Prix.. 1 fr.

Fasc. n° 36. — **Bourses de l'enseignement primaire supérieur.** Une brochure de 48 pages. Prix. 75 c.

Fasc. n° 37. — **Résumé des états de situation de l'enseignement primaire pour l'année scolaire 1885-1886** Une brochure in-8° de 30 pages. Prix....................................... 50 c.

Fasc. n° 38. — **L'exposition scolaire de 1889.** Une brochure in-8° de 95 pages. Prix........ 75 c.

Fasc. n° 39. — **Extraits d'Horace Mann,** avec notice, par M. Gaufrès. Un volume in-8° de 245 pages Prix.. 2 fr.

Fasc. n° 40. — **Décrets, arrêtés, circulaires et décisions ministérielles pour l'application de la loi du 30 octobre 1886 et des règlements organiques du 18 janvier 1887.** Un vol. in-8° de 251 pages. Prix. 2 fr.

Fasc. n° 41. — **L'Algérie : Lois et règlements scolaires.** Un volume de 178 pages. Prix...... 2 fr.

Fasc. n° 42. — **Les auteurs du brevet supérieur,** par Mˡˡᵉ S. R.

Fasc. n° 43. — **Le cahier de devoirs mensuels.** Un volume in-8° de 140 pages. Prix........ 1ᶠ 75.

Fasc. n° 44. — **L'histoire des mots,** par Michel Bréal. Une brochure in-8° de 32 pages. Prix. 75 c.

Fasc. n° 45. — **Comment les mots changent de sens,** par Littré, avec préface de Michel Bréal. Un volume in-8°. Prix... 1 fr.

Fasc. n° 46. — **Écoles manuelles d'apprentissage et écoles professionnelles.** Une brochure in-8° de 140 pages. Prix.. 2 fr.

Fasc. n° 47. — **Textes de compositions des examens et concours de l'enseignement primaire en 1887.** (Certificats d'aptitude au professorat des écoles normales. — Concours d'admission aux écoles normales primaires supérieures. — Certificat d'études primaires supérieures. — Bourses de séjour à l'étranger. — Économat.) Une brochure in-8° de 110 pages. Prix................................. 1 fr.

Fasc. n° 48. — **Titres et brevets de capacité : Règlements en vigueur et modifications proposées.** Une brochure de 74 pages. Prix.. 1 fr.

Fasc. n° 49. — **L'enseignement de la gymnastique dans les établissements d'enseignement primaire.** Une brochure in-8° de 84 pages. Prix.. 1 fr.

Fasc. n° 50. — **Projet de loi sur les dépenses ordinaires de l'enseignement primaire et les traitements du personnel de ce service : Textes du projet du Gouvernement et du projet de la Commission. Un volume in-8° de 270 pages. Prix.. 2ᶠ 50.

Fasc. n° 51. — Projet de loi sur les dépenses ordinaires de l'enseignement primaire et sur les traitements du personnel de ce service. Recueil de documents parlementaires relatifs à la discussion de cette loi à la Chambre des députés. Une brochure in-8° de 175 pages. Prix................................ 75 c.

Fasc. n° 52. — Projet de loi sur les dépenses de l'instruction primaire et sur les traitements du personnel de ce service. Recueil de documents parlementaires relatifs à la discussion de cette loi au Sénat. (Pour paraître ultérieurement.)

Fasc. n° 53. — Recueil des textes de compositions donnés aux examens des brevets de capacité. (Brevets élémentaire et supérieur. — Session de juillet 1887.) Un volume in-8°. Prix....... 7 fr.

Fasc. n° 54. — Recueil des textes de compositions donnés aux examens des brevets de capacité. (Brevets élémentaire et supérieur. — Session de novembre 1887.) Un volume in-8°. Prix..... 7 fr.

Fasc. n° 55. — Recueil des textes de compositions donnés aux concours de 1887. (Écoles normales. — Bourses d'enseignement primaire supérieur.) Un volume in-8°. Prix.................... 7 fr.

Fasc. n° 56. — Les trois écoles nationales professionnelles. (Vierzon, Voiron, Armentières.) Prix.. 75 c.

Fasc. n° 57. — Discours prononcé au banquet de l'association des anciens élèves de l'école normale de la Seine. Une brochure in-8°. Prix... 75 c.

Fasc. n° 58. — Les écoles normales supérieures d'enseignement primaire de Saint-Cloud et de Fontenay. (Sous presse.)

Fasc. n° 59. — Conférences et causeries pédagogiques, par F. Buisson. Un volume in-8° de 186 pages. Prix.. 80 c.

Fasc. n° 60. — Revision des programmes de l'enseignement primaire. Un volume in-8° de 152 pages. Prix.. 1ᶠ 60.

Fasc. n° 61. — Comptabilité des écoles normales. (Guide légal et administratif des économes.) Une brochure in-8° de 138 pages. Prix.. 1ᶠ 75.

Fasc. n° 62. — Les classes enfantines. Documents législatifs et administratifs, avec introduction, par F. Buisson. Une brochure in-8° de 113 pages. Prix....................................... 75 c.

Fasc. n° 63. — Discours de réception de M. Gréard à l'Académie française. Une brochure in-8°. Prix.. 75 c.

Fasc. n° 64. — Questions historiques, par Eugène Muller. (Sous presse.)

Fasc. n° 65. — Statistique de l'enseignement primaire supérieur (écoles et élèves) au 31 décembre 1887. Un volume in-8°. Prix... 1ᶠ 25.

Fasc. n° 66. — Livres scolaires en usage dans les écoles primaires publiques. (Sous presse.)

Fasc. n° 67. — Discours sur l'éducation physique, prononcé, par M. le docteur Blatin, à la Chambre des députés. Une brochure in-8°. Prix.. 20 c.

Fasc. n° 68. — Exposition internationale de Melbourne. Un volume in-8° de 162 pages. Prix. 1ᶠ 75.

Fasc. n° 69. — Rapports sur la marche du Musée pédagogique en 1887. (Mars 1888.) Un volume in-8° de 39 pages. Prix.. 75 c.

Fasc. n° 70. — Classement général des écoles primaires publiques en 1888-1889. Prix...... 1ᶠ 25.

Fasc. n° 71. — Note sur l'instruction publique de 1789 à 1808, suivie du catalogue des documents originaux existant au Musée pédagogique et relatifs à l'histoire de l'instruction publique en France durant cette période. Prix... 80 c.

Fasc. n° 72. — L'œuvre des colonies de vacances à Paris en 1887. Rapport de M. Cottinet. Un volume in-8° de 35 pages. Prix... 75 c.

Fasc. n° 73. — La question de la réforme orthographique, par A. Darmesteter. Un volume in-8° de 24 pages. Prix.. 50 c.

Fasc. n° 74. — Programmes généraux des écoles manuelles d'apprentissage. Un volume in-8° de 24 pages. Prix.. 50 c.

Fasc. n° 75. — Résumé des états de situation de l'enseignement primaire pour l'année scolaire 1886-1887. Un volume in-8° de 20 pages. Prix.. 50 c.

Fasc. n° 76. — Convention scolaire franco-suisse. Un volume in-8° de 23 pages. Prix....... 50 c.

Fasc. n° 77. — Travaux de la commission de gymnastique.

Fasc. n° 78. — Documents statistiques sur la situation budgétaire de l'enseignement primaire public.

Fasc. n° 79. — Rapport sur l'exposition de Copenhague, par Mˡˡᵉ Matrat. (En préparation.)

Fasc. n° 80. — Lois et règlements organiques de l'enseignement primaire. 1 vol. in-8° de 186 p. 2 fr.